Gustavo A. Girard, Silvina Raffa y colaboradores

EL ADOLESCENTE VARÓN

Grupo Editorial Lumen

Buenos Aires - México

Supervisión: Equipo editorial
Coordinación gráfica: Lorenzo Ficarelli
Diagramación: Coral Izaguirre

Este libro ha sido posible gracias al aporte de la Fundación Universitaria para la Adolescencia y la Juventud.

ISBN: 987-00-0082-7

No está permitida la reproducción total o parcial de este libro, ni su tratamiento informático, ni su transmisión de ninguna forma, ya sea electrónica, mecánica, por fotocopia, por registro u otros métodos, ni cualquier comunicación pública por sistemas alámbricos o inalámbricos, comprendida la puesta a disposición del público de la obra de tal forma que los miembros del público puedan acceder a esta obra desde el lugar y en el momento que cada uno elija, o por otros medios, sin el permiso previo y por escrito del editor.

© Editorial Distribuidora Lumen SRL, 2001.

Grupo Editorial Lumen
Viamonte 1674, (C1055ABF) Buenos Aires, República Argentina
4373-1414 (líneas rotativas) Fax (54-11) 4375-0453
E-mail: editorial@lumen.com.ar
http://www.lumen.com.ar

Atenas 42,
(06600) México D.F. México
Tel. (52-5) 592-5311 • Fax: (52-5) 592-5540
E-mail: edilumex@prodigy.net.mx

Hecho el depósito que previene la ley 11.723
Todos los derechos reservados

LIBRO DE EDICIÓN ARGENTINA
PRINTED IN ARGENTINA

Índice

Prólogo 7

Capítulo 1: Aspectos sociales de la masculinidad y la femineidad. Transformaciones recientes
Lic. Silvia Necchi 11

Capítulo 2: Crecimiento y desarrollo
Dra. Alicia Beatriz Cal 19

Capítulo 3: El varón y la representación del cuerpo
Lic. María Adela Achábal 31

Capítulo 4: Problemas médicos del adolescente varón
Dr. Alberto Tomás Simioni 43

Capítulo 5: Situaciones de riesgo propias del adolescente varón
Lic. Marcela Aszkenazi 57

Capítulo 6: El varón y su sexualidad
Lic. Alejandra Cassin 65

Capítulo 7: Masturbación
Dr. Gustavo Alfredo Girard 75

Capítulo 8: Inicio de relaciones sexuales en el adolescente varón
Dr. Gustavo Alfredo Girard
Lic. Silvina Raffa 83

Capítulo 9: Padres adolescentes
Dr. Gustavo Alfredo Girard
Dra. Ana Coll 91

Capítulo 10: Responsabilidad del varón
en la anticoncepción
Lic. María José Faccini 99

Capítulo 11: Abuso heterosexual en adolescentes varones
Lic. Silvina Raffa
Dr. Eduardo Panza
Dr. Gustavo Alfredo Girard 107

Capítulo 12: El varón y su proceso de elección vocacional.
Algunas reflexiones
Lic. Stella Maris Calvo 113

Capítulo 13: Género y espiritualidad
Dr. Gustavo A. Girard 127

Glosario
Dra. Alicia B. Cal
Dr. Alberto Tomás Simioni 133

Glosario específico
Identidad sexual 135

Glosario específico
Métodos anticonceptivos (MAC) 137

Sobre los autores 141

Prólogo

El cambio del rol tradicional de la mujer en la última mitad del siglo XX ha repercutido en la consecuente modificación del rol masculino y en las relaciones entre ambos, con su lógica incidencia en la familia.

El adolescente, en su transformación de niño a adulto, mantiene a través del tiempo características inamovibles, pero no ocurre lo mismo con la adolescencia desde un encuadre psicosocial. Tradicionalmente, la adolescencia era una etapa de la vida de la cual se hablaba en forma peyorativa. Sin embargo, hoy en día la sociedad se ha "adolescentizado". Niños y adultos se visten como adolescentes y en muchos casos actúan como tales.

Estos "cambios" sociales no suelen producirse en forma ordenada y simultánea. Por el contrario, se producen asincronías que repercuten en el cuerpo social.

¿Qué ha cambiado en el adolescente varón? Reflexionar sobre esta pregunta es el objetivo de este libro.

El sexo cromosómico y el desarrollo genital permiten la diferenciación de los sexos desde los primeros momentos de la gestación. En forma previa al parto, ya podemos saber si nacerá un varón o una niña. El otorgar un nombre determinado, la ropa, los juegos, el trato, la educación van generando un proceso importante en la búsqueda de la identidad en general y de la identidad sexual en particular. Los autores difieren en la mayor o menor importancia de cada una de estas etapas, pero lo cierto es que ninguna de ellas puede o debe ser ignorada.

La falta de estereotipia de los roles masculino y femenino adultos no puede dejar de repercutir en el púber. Los términos "activo" y "pasivo", al hablar de sexualidad, carecen de vigencia en el momento actual. El hombre "educador" de su pareja, generador de autoridad, sostén económico, distante pero firme, "sexo fuerte", no tiene cabida hoy. Como contrapartida, la mujer responsable de la educación de los hijos y del funcionamiento del hogar, ajena a las presiones laborales sin otra vocación que la propia de su maternidad, expresión del "sexo débil" no es tampoco un modelo propio de esta época. De esta manera, el niño, en su camino hacia la adultez, debe atravesar la etapa adolescente en un marco de constante transformación de modelos.

El creer que la sensibilidad y la expresión de los afectos son patrimonio de la mujer ha ejercido una influencia negativa sobre la relación entre los sexos de diferentes generaciones. "Los hombres no lloran" era la consigna indiscutida que los varones recibían desde pequeños.

Por otra parte, la relación madre-hija presenta características diferentes de las que suelen darse entre el padre y el hijo, y esto es de especial importancia en el desarrollo del varón.

En la llamada posmodernidad los comportamientos sexuales presentan también una importante transformación. Valores considerados hasta hace poco como absolutos hoy ya no son tales. Lo determinado por la ley jurídica o religiosa tiene un menor acatamiento.

Como equipo de salud, es imprescindible reconocer la existencia de todas estas variables. Desconocerlas o negarlas puede generar acciones totalmente divorciadas de la realidad.

En nuestra experiencia profesional, encontramos en todo este proceso al varón adolescente como particularmente vulnerable. Ha sido educado de una manera que no se adecua a la época que le toca vivir ni a los desafíos que le toca responder. Debe dar nuevas respuestas a nuevas preguntas. En nuestra cultura todo ocurre como si el varón, desde niño, debiera saberlo todo, y en la práctica se ve inhabilitado para preguntar. Su propia personalidad lo lleva a ser más reservado en expresar su intimidad, pero sus dudas y miedos no por ello son menores.

Para afirmar su masculinidad, los adolescentes varones muchas veces son impelidos a iniciar relaciones sexuales en forma precoz y sin demasiado convencimiento. Estos inicios no son, con frecuencia, gratificantes; por el contrario, en muchas oportunidades pueden convertirse en traumáticos y difíciles de superar.

Una sexualidad idealizada y plena de mitos puede chocar con una realidad para la cual el adolescente no está preparado.

Y así, al actuar impulsivamente, los adolescentes no toman los recaudos necesarios para la prevención del embarazo o las enfermedades de transmisión sexual.

En este proceso, el adolescente varón puede tener que asumir una paternidad que no estaba prevista. En el momento evolutivo en el que suele estar en conflicto con la figura de su propio padre, se ve impulsado a actuar como tal. Muchas veces el adolescente intenta asumir este rol pero pocas lo logra. Este fracaso, superficialmente, puede ser considerado como una simple e irresponsable "huida", pero se trata de un proceso no exento de lucha, del que con frecuencia quedan cicatrices que no suelen ser suficientemente valoradas.

Ayudar a la interpretación de este proceso, desmitificar la sexualidad, reflexionar sobre los nuevos roles del varón y la mujer, educar para la responsabilidad y libertad son tareas necesarias para que el adolescente varón pueda expresar sus afectos e ingresar más seguro y confiado al mundo adulto en el que deberá desenvolverse en el próximo milenio. Son también los objetivos que nos motivaron a escribir este libro.

1. Aspectos sociales de la masculinidad y la femineidad

Transformaciones recientes

Lic. Silvia Necchi

El sexo y el género son dos cuestiones muy distintas. El sexo es biológicamente determinado en la concepción y se expresa en características físicas, mientras que el género se refiere a las expectativas sociales sobre cómo se debe comportar cada sexo y a los atributos que se asignan a lo masculino y a lo femenino. Estas expectativas y atributos dependen de los contextos socioculturales específicos en que se desarrollan.

Tradicionalmente y en la gran mayoría de las sociedades, las tareas ligadas a la reproducción biológica y social de sus miembros (tener hijos y criarlos) se han asignado a las mujeres, y las tareas de reproducción material (producción de bienes y servicios para el consumo y el intercambio) se han adjudicado a los hombres.

Esta especialización atribuida a cada género, y realizada por muchos años de forma excluyente, contribuyó a construir una organización social en la que se les otorga supremacía a los roles desempeñados por los hombres, por encima de aquéllos desempeñados por las mujeres. Distintas corrientes sociales han denominado este tipo de organización social como *patriarcado*. Éste es definido como un orden de poder y dominación. El hecho de que la mujer sea la única que posee un cuerpo que produce otro ser humano ha llevado, dentro de los esquemas patriarcales, al control de la sexualidad femenina y de su capacidad reproductiva. Los atributos dominantes en la masculinidad patriarcal se referían principalmente a ser jefe del hogar y principal proveedor, procreador y padre de una descendencia, poseedor de fuerza y destreza física, ser propietario de bienes y personas, productor de bienes y valores, y al ejercicio de la autoridad sobre las mujeres y otros varones menores o débiles.

Es frecuente, aun en la actualidad, que dentro de la familia al varón se le asigne el rol de proveedor, protector y jefe, pero no tareas que implican más estrecho contacto con los hijos. En la distribución de espacios para cada género, el ámbito doméstico, institucionalizado a través de la familia, ha sido el espacio dominante de la mujer. El espacio público, del trabajo remunerado y de otras instituciones sociales, ha sido tradicionalmente un espacio masculino. Esta separación de espacios, en consonancia con esquemas patriarcales, llevó al hombre, en general, a alejarse y a desvalorizar las tareas del ámbito doméstico por considerarlas estrictamente femeninas, quedando éstas a cargo exclusivo de la madre. El modelo que han recibido muchos varones de sus padres ha sido el de un padre alejado, en algunos casos faltante, ausente, sólo observador y marginado de la interacción con los hijos. Este tipo de padre se ha alejado así también de los aspectos tradicionalmente más femeninos, como la sensibilidad y la ternura, para poder diferenciarse.

Ciertos aspectos como el honor y la fuerza física, ligados a la lucha por la supervivencia material, han estado durante siglos en la base de la identificación social de los varones. A pesar de que se está atravesando una crisis de la masculinidad tradicionalmente concebida, estos atributos, hoy representados por el poder, el éxito, el dinero, o el trabajo mejor remunerado, sobreviven en distintos sectores sociales asignados prioritariamente al hombre (Necchi, 1995).

Varios teóricos del desarrollo infantil han afirmado que la identidad de género emerge de experiencias tempranas. En los varones esto implica el distanciamiento de su madre por la identificación con una figura masculina que les permita probarse a sí mismos que no son femeninos. Hoy en día, en el caso de familias con padres alejados o ausentes, los niños suelen tener menos manejo de sus emociones y volverse indiferentes hacia los sentimientos de los otros, aunque esto no sea un destino irreversible (Barker, 1998). Hay evidencia de que una estrecha relación padre-hijo en los primeros años de la vida puede prevenir conductas violentas en la adultez de los varones. Un informe de UNICEF de 1995 dice al respecto: "Se debe alentar en todo lo posible la imagen de sí mismo en el hombre como un ser nutriente que puede cuidar de los niños. Esto conducirá a reducir la violencia en las familias y a incrementar beneficios en los niños y sus madres."

El desarrollo de la identidad masculina que lleva al desempeño de papeles masculinos adultos es un proceso largo. Para ser varón hay que ser masculino en el sentido en el que lo define la sociedad, hay que demostrarlo constantemente. La masculinidad es un objetivo, un deber ser, se debe "ser hombre" (Badinter, 1993). En algunos casos los varones son separados de las mujeres para ser masculinos; hay códigos bien definidos que son trasmitidos por la familia y reforzados por la presión de sus pares cuando se acercan a su maduración sexual, en la adolescencia. En este período se crea una expectativa por parte de sus compañeros o de los adultos cercanos en relación con la idea de que el adolescente debe ejercer su sexualidad como prueba de masculinidad, y esto lleva a que en muchos casos las primeras relaciones sexuales no involucren un compromiso emocional, pudiendo incluir abuso sexual y violencia en contra de la mujer (Mundigo, 1995).

En un estudio realizado en dos ciudades de América (Chicago y Río de Janeiro) con adolescentes urbanos de sectores de bajos ingresos, se observa que en la adolescencia emergen modelos hipermasculinos, de masculinidad exagerada, que incluyen violencia, toma de riesgo y actitudes endurecidas hacia la mujer. Así, en Chicago, la idea prevaleciente de masculinidad en tres barrios estudiados es violenta y endurecida, asociada con pandillas. En las favelas de Río, aunque el rol de los "comandos" no es imputado directamente porque son dominio del silencio, los jóvenes reproducen la masculinidad hegemónica de Río: el hombre es agresor sexual poco involucrado en materias reproductivas y se permite la violencia contra la mujer en algunas circunstancias. En ambas ciudades, los jóvenes consideran como requisito para convertirse en hombres el ser sexualmente activos y poder ser sostén económico de la familia y de sí mismos. En Chicago algunos adolescentes señalaron también la necesidad de separarse de sus madres. Entre los jóvenes de los sectores estudiados de ambas ciudades, el convertirse en hombres es un acto público, se debe actuar de forma tal que no se parezca femenino y ser definido como hombre por el grupo de pares. Para esto los más jóvenes reciben presiones para ser sexualmente activos y tener conquistas sexuales, y los mayores para conseguir y mantener un trabajo (Barker, 1998).

Pero no hay una sola forma de convertirse en hombre; en otros sectores sociales se observan ciertas transformaciones que se están dando en las pautas de masculinidad dominantes. En un estudio realizado en Buenos Aires con adolescentes que asisten al colegio secundario, se registraron ciertas diferencias en el comportamiento de los varones en su iniciación sexual, que impiden hablar de una forma única o dominante de masculinidad. Una tercera parte de estos chicos actuó de acuerdo con pautas tradicionalmente machistas, iniciándose con prostitutas e impulsados por lo que ellos definieron como necesidad física, curiosidad o influencia de los amigos. Sin embargo, otros comparten con las chicas una forma de iniciación que integra algo más la sexualidad con la afectividad, teniendo su primera relación sexual con sus novias, buscando una relación más profunda y decidiéndolo de común acuerdo con ellas. Unos menos se iniciaron con escaso manejo de la situación, provocados o seducidos por una compañera ocasional (Méndez Ribas et al., 1995).

Los cambios tecnológicos y sociales de esta última mitad del siglo han producido transformaciones, especialmente en las sociedades occidentales, en cuanto a la mayor participación de la mujer en el mundo extra-doméstico y en el ámbito de la sexualidad. Con la introducción de los modernos métodos anticonceptivos, las mujeres toman conciencia de que tienen los mismos derechos que el hombre para disfrutar del sexo y tomar autodeterminaciones en esta materia, mientras que los hombres no tienen la justificación anterior para ejercer su poder y prerrogativas sexuales. Por otro lado, el mayor acceso a la educación y al trabajo de las mujeres produce modificaciones en la relación asimétrica que tenían con los hombres en los espacios públicos.

Todo esto lleva a redefinir el rol del hombre en la sociedad y la familia, y a repensar la manera de transformar antiguos patrones de masculinidad. Los cambios actuales en los varones tienen mucho que ver con las presiones sociales por el avance de las mujeres y con presiones económicas por la disminución de oportunidades laborales; aún restan transformaciones más profundas en sus valores y creencias. Algunas intervenciones sociales, realizadas con el fin de rever estereotipos de género con hombres adultos, demuestran que no es una tarea fácil. En muchos casos aparecen en los varones conflictos y crisis por verse impedidos de ejercer su masculinidad con antiguos modelos de poder, a la vez que se perfilan nuevas actitudes en algunos jóvenes que tienden a asumir comportamientos menos hegemónicos y más compartidos en la responsabilidad de la pareja.

Tal vez una perspectiva de trabajo que apunte a los más jóvenes pueda rendir más frutos en generaciones futuras. Un reporte de UNFPA de 1995 concluye: "La educación puede proveer a los niños una interpretación de la masculinidad distinta, que reemplace aquella basada en la dominación, por otra donde la responsabilidad sea compartida."

El hecho de que los padres participen poco en el cuidado y socialización de los niños está ligado en muchas sociedades a creencias culturales que sustentan esquemas de género inequitativos. Pero la influencia de los medios masivos de comunicación y la circulación de ideologías más democráticas aplicadas a las relaciones cotidianas están introduciendo cambios en lo que es ser un buen padre y en lo que son los roles masculinos en el hogar. Esto no está exento de dificultades: lo que en algunos contextos sociales se denomina "nueva paternidad" (por ejemplo, padres involucrados en las maniobras del parto, que cambian pañales, y nutren a los hijos en todas las etapas) puede producir tensiones. El desempeño del hombre en áreas tradicionalmente asignadas al dominio de la mujer puede producir sentimientos negativos en otros miembros de la comunidad o en la consolidación de la propia identidad masculina. Con frecuencia, por ejemplo, es muy difícil para un hombre obtener permiso de su empleador para cuidar a sus hijos; incluso puede ser criticado por sus amigos u otros miembros de la familia por extender su rol más allá de lo socialmente aceptado. Suecia, país líder con su legislación de 1974 que admitía la licencia laboral en los primeros meses de crianza alternadamente a ambos padres, no superó fácilmente estos problemas. No todos los hombres mostraron disposición para desarrollar la intimidad y el compromiso emocional con el niño como comúnmente lo hacen las madres. Algunos estudiosos suecos actuales de este problema señalan la necesidad de establecer modelos en los cuales la paternidad se vuelva compatible con la intimidad y la hombría (Mundigo, 1998).

Varios autores coinciden en que las relaciones emocionales y físicas de los niños con sus padres tienen importantes consecuencias en la desigualdad-igualdad de géneros. En las familias y grupos sociales en los que el vínculo cercano padre-hijo es posible, se observan menos despliegues de hipermasculinidad. Pero, más allá de la difusión de estas nuevas formas de desempeño del rol masculino en relación con la paternidad, se debe tener en cuenta que en las grandes ciudades los hombres tienen menos tiempo para pasar con sus hijos y, aunque algunos se acercan al ideal de "nuevo padre", también se observa que una gran proporción de padres divorciados deja de pagar los alimentos de sus hijos, o hace pocos esfuerzos por mantener un contacto cercano con ellos, o bien se desentiende de los embarazos de sus compañeras y deja a sus hijos a cargo de madres solteras.

Es indudable que se está atravesando un proceso muy profundo de cambios sociales que hace difícil predecir la orientación que tomarán los roles de género. Sí podemos afirmar que los mismos han cambiado en comparación con la primera mitad del siglo XX. Las mujeres, en general, han avanzado en su autodeterminación y ha quedado atrás gran parte de los esquemas patriarcales que reglaban las conductas de hombres y mujeres. Sin embargo, aún resta una importante tarea de construcción social que contribuya al desarrollo humano de las próximas generaciones, donde hombres y mujeres puedan desplegar más armónicamente sus potencialidades de acuerdo con sus verdaderos deseos de crecimiento personal y de reproducción humana.

Bibliografía

Badinter, E. X. Y., *La identidad masculina*, Bogotá, Norma, 1993.

Barker, G, "Boys in the Hood, Boys in the *Barrio*", trabajo presentado en el Seminario sobre hombre, formación de familia y reproducción, organizado por IUSSP/CENEP, Buenos Aires, mayo de 1998.

Méndez Ribas, J. M.; Necchi, S.; Schufer, M. L., *Sexualidad en adolescentes escolarizados de la ciudad de Buenos Aires*, Buenos Aires, mimeo, 1995.

Mundigo A., "Papéis masculinos, saúde reprodutiva e sexualidade", en *Conferencias internacionais sobre população*, Fundação J. e C. MacArthur, Brasil, 1995.

Mundigo A., "Reconceptualising the Role of Men in the Post-Cairo Era", trabajo presentado en el Seminario sobre hombre, dormación de familia y reproducción, organizado por IUSSP/CENEP, Buenos Aires, mayo de 1998.

Necchi, S., "Aspectos sociales de la masculinidad", trabajo presentado en el 7. Curso intensivo de postgrado del programa de adolescencia del Hospital de Clínicas, UBA, mimeo, 1995.

UNICEF, *Men in Families, Report for Consultation on the Role of Males and Fathers in Achieving Gender Equality*, Nueva York, 1995.

United Nations Population Fund., "Male Involvement in Reproductive Health, Including Family Planning and Sexual Health", en *UNFPA Technical Report*, n.° 28, Nueva York, 1995.

2. Crecimiento y desarrollo

Dra. Alicia Beatriz Cal

El objetivo de este capítulo y del que trata sobre problemas médicos del adolescente varón[1] es ofrecer a los adultos en contacto con adolescentes, ya sean docentes, padres o tutores, herramientas para comprender cómo es el crecimiento y desarrollo normal del varón adolescente, cuáles los temas que les preocupan y cuál la importancia de efectuar controles de salud en esta etapa de la vida, a fin de evitar que situaciones frecuentes en la adolescencia sean consideradas como patológicas.

Para comprender la importancia que tiene el control del crecimiento y desarrollo en la vida de un adolescente, vamos a recordar que la pubertad forma parte de los denominados *períodos críticos de crecimiento*. Se los denomina así porque son períodos en los cuales se crece rápidamente y en los que son mayores los requerimientos nutricionales. Estos períodos son tres: el período prenatal, el primer año de vida y la pubertad. Por ello se recomienda efectuar controles periódicos de salud durante la pubertad. Estos controles brindan la posibilidad de evaluar el crecimiento y desarrollo, detectar conductas de riesgo y, fundamentalmente, generar un espacio donde el adolescente pueda preguntar sobre temas que le preocupan, prevenir ciertas patologías a través de la actualización de sus inmunizaciones y recibir explicación acerca del autoexamen testicular e información sobre su estado de salud en general.

Comenzaremos por definir qué es adolescencia y qué es pubertad. Según la Organización Mundial de la Salud, la **adolescencia** incluye todos los cambios que se producen en un individuo desde el punto de vista físico, psicológico y social entre los 10 y los 20 años de edad. La **pubertad**, en cambio, se refiere específicamente a los cambios físicos que culminan con la adquisición de la capacidad reproductiva.

---

[1] Cf. capítulo 4.

Pubertad

Al hablar de pubertad, no podemos dejar de mencionar la acción hormonal, dado que son las hormonas las que, aumentando su secreción y circulando por el torrente sanguíneo, producirán una serie de cambios que se expresarán a través de la aparición de caracteres sexuales como el desarrollo testicular; la aparición de vello pubiano, axilar, facial, corporal; el desarrollo de escroto, pene, próstata y vesículas seminales; el cambio de voz; el estirón puberal; el desarrollo muscular; las erecciones y la primera eyaculación, denominada *espermarca*.

La primera manifestación de pubertad en el sexo masculino es el crecimiento testicular. En general los varones, aunque sí reconocen en la mujer el desarrollo mamario como primera manifestación de pubertad, dado que es un fenómeno evidente a la simple observación, desconocen la primera manifestación de *su propio* desarrollo, motivo por el cual es importante trabajar durante la consulta con técnicas anticipatorias, es decir, transmitir al joven frases del tipo de "te va a pasar" o "te puede estar pasando", reforzando esta explicación con láminas que grafican los distintos estadios de desarrollo sexual y que se denominan *estadios de Tanner* (Figura 1). El aumento del volumen testicular va seguido de la aparición de vello pubiano y del crecimiento del pene. A partir del inicio del desarrollo testicular, se producen también el crecimiento y maduración de otras estructuras del varón, como la próstata y las vesículas seminales (Figura 2).

En general, los varones comienzan su desarrollo sexual, es decir, el aumento de tamaño testicular, a una edad promedio de 11,8 años, con límites entre 8,9 y 14 años. Casi al mismo tiempo, comienza el desarrollo de vello en el pubis.

El crecimiento del vello axilar ocurre generalmente 2 años después de la aparición del vello púbico y va seguido de la aparición de vello facial y luego corporal.

La mayoría de los varones experimenta su estirón o empuje puberal luego de presentar los primeros signos de desarrollo testicular y aparición de vello pubiano. Éste es un dato muy importante para transmitir a los jóvenes, puesto que si un varón consulta preocupado por su baja talla y en el examen físico observamos que los testículos no han iniciado su desarrollo, podemos asegurarle que no están dadas las condiciones para presentar aún el estirón puberal. Los varones con un desarrollo sexual tardío tendrán también un empuje puberal tardío y viceversa. Surge aquí el concepto de maduradores rápidos y maduradores lentos, es decir varones totalmente normales, que inician su desarrollo precoz o tardíamente, pero sin presentar patología alguna. En todas las consultas sobre crecimiento y desarrollo, resulta de utilidad interrogar sobre el desarrollo de ambos progenitores (talla o altura en cm de ambos progenitores, edad en la que el padre presentó su estirón).

Así como las mujeres presentan su estirón puberal a la edad promedio de 12 años, los varones lo presentan a los 14 años, con variaciones entre los 12 y 16 años. Antes de iniciar su pubertad, los varones crecen a un promedio de 5 a 6 cm por año, mientras que al iniciarse el estirón puberal el crecimiento en promedio es de 8-9 cm por año. Los varones crecen alrededor de 7 cm el primer año, 9 cm en el segundo, 7 cm en el tercero, 3 cm en el cuarto, y alrededor de 2 cm por cada año que continúan creciendo hasta la detención del crecimiento, que ocurre en general entre los 18 y 20 años. La diferencia en la talla final alcanzada, en la que los varones superan a las mujeres en 12,5 cm, se debe a dos razones: por un lado, al presentar el empuje puberal más tardío, los varones tienen 2 años más de crecimiento prepuberal, lo que los hace casi 10 cm más altos al comenzar el crecimiento rápido puberal; y por el otro, durante el estirón, los varones crecen a mayor velocidad que las mujeres.

Pubertad masculina: repercusiones psicosociales

Continuando con el tema de la pubertad, podemos decir que este proceso, en general normal y fisiológico, puede ser vivido por el adolescente como extraño, diferente, o fruto de alguna anormalidad; del mismo modo que ciertos cuadros que entrañan patología pueden ser totalmente obviados o ignorados.

Esta situación ocurre en ambos sexos, con la diferencia de que la mujer, en general, tiene la posibilidad y capacidad de verbalizar más estos hechos. Su cercanía con la madre o con la figura materna suele ser mayor que la que el adolescente varón tiene con su propio padre.

Esto no se limita sólo a la adolescencia. En el mundo adulto, está totalmente aceptada la consulta ginecológica en la mujer, mientras que el hombre únicamente consulta sobre su aparato reproductor ante situaciones concretas de preocupación (dolor, enfermedades de transmisión sexual, esterilidad). Fuera de la niñez y adolescencia, el examen genital masculino no siempre es practicado de rutina por el clínico general, a excepción de la derivación entre los 40-45 años a un médico urólogo para control prostático.

El inicio del desarrollo puberal suele sorprender al varón o, por el contrario, en otros casos representa una situación que estaba esperando con ansia. De allí que puedan surgir actitudes extremas. Algunos se autoexaminan con cuidado y minuciosamente, mientras que otros obvian totalmente lo que está ocurriendo.

Anteriormente, nos referimos a varones que presentaban su pubertad en etapas tempranas y a otros que lo hacían tardíamente. Es importante tener en cuenta que, para el adolescente, lo frecuente es sinónimo de normalidad, y si la pubertad se produce temprana o tardíamente, significará sin duda un motivo de preocupación. Esto nos lleva a recordar dos motivos frecuentes de consulta:

1. En los casos de pubertad retrasada, el aspecto físico aniñado y el escaso desarrollo genital, puede dificultar en ocasiones una adecuada integración con sus pares. Cuando no se ha iniciado el desarrollo sexual a los 14 años, es conveniente efectuar una consulta a un médico pediatra o clínico, para descartar patología.

2. Por el contrario, cuando la pubertad se adelanta, suele sorprender al adolescente. Los cambios físicos y hormonales repercuten en sus sensaciones y estados de ánimo. Son niños con físico correspondiente a edades más avanzadas. Muchas veces, debido a su aspecto, son presionados socialmente a jugar actitudes o roles para los cuales no se encuentran emocionalmente maduros (por ejemplo, a iniciar relaciones sexuales a edades tempranas). Considerando el desarrollo de los genitales, debemos tener en cuenta que características totalmente normales en los genita-

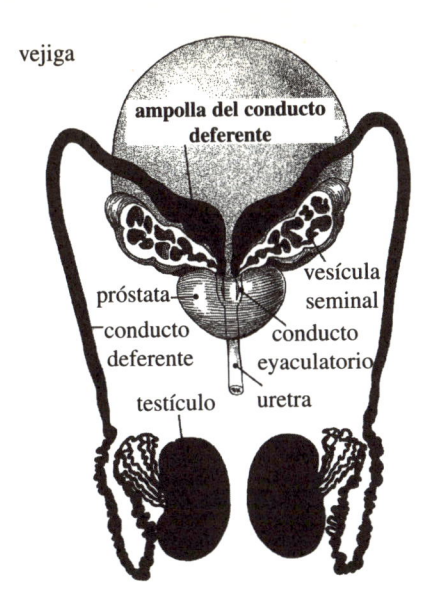

Figura 1

vejiga
ampolla del conducto deferente
próstata
conducto deferente
testículo
vesícula seminal
conducto eyaculatorio
uretra

Niños: desarrollo de genitales

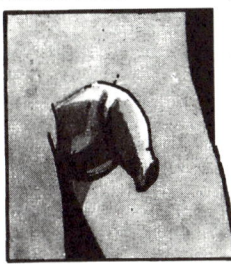

Grado 1 pre-puberal: Los testículos, escroto y pene son del mismo tamaño y proporciones que en la primera infancia. Estadio pre-puberal.

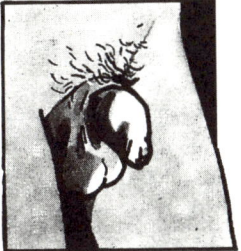

Grado 2: Agrandamiento de escroto y testículos. La piel del escroto se congestiona y cambia de textura. En esta etapa hay poco o ningún agrandamiento del pene.

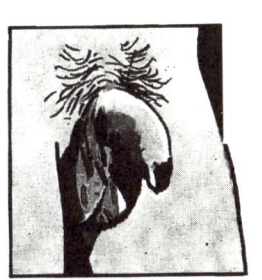

Grado 3: Agrandamiento del pene, que tiene lugar al principio, sobre todo en longitud. Los testículos y el escroto siguen desarrollándose.

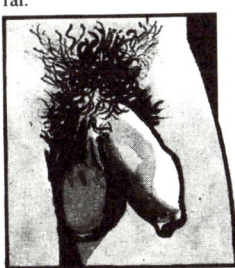

Grado 4: Aumento de tamaño del pene, que crece en diámetro, y desarrollo del glande. Los testículos y el escroto se hacen grandes; la piel del escroto se oscurece.

Grado 5: Los genitales son adultos en tamaño y forma.

Figura 2

les masculinos suelen ser vividas como anormales y transformarse en motivo de preocupación por parte de los adolescentes. Por ejemplo:

• Los folículos pilosos (pelo) habituales en el escroto o bolsa suelen ser considerados como "pápulas" o granos, pudiendo observarse también quistes sebáceos (o de grasa) sin características patológicas.

• La presencia del frenillo del glande suele ser considerada una adherencia.

• La salida de semen en la eyaculación nocturna, puede ser confundida con exudado purulento (pus).

• En el examen de rutina no es raro encontrar inflamación o edema del glande y prepucio, que suele asociarse a maniobras masturbatorias. El tema puede tratarse en forma directa y con mucho tacto, considerando el pudor y la vergüenza que el joven puede experimentar ante esta situación.

• Sabemos que el varón suele asignar una importancia fundamental al tamaño de sus genitales, particularmente al pene. La asociación del tamaño genital con la virilidad y potencia sexual puede condicionar actitudes del adolescente como miedo e inseguridades. Muy pocos son los adolescentes que se animan a verbalizar esta situación, a pesar de que son muchos los que la "padecen". Cuando el médico, en el examen clínico, descubre genitales que, si bien son normales pueden ser considerados como de menor tamaño, debe reafirmar las características de normalidad. Cuando son los padres los que consultan preocupados por escaso desarrollo genital, es fundamental conocer si la demanda parte del paciente o de su familia.

• La eyaculación, la erección y la masturbación son en general temas que generan vergüenza, culpas. Pueden ser abordados durante la consulta, pero en todos los casos se deberá evaluar el motivo de consulta del paciente, su edad, y no invadir su privacidad.

Etapas de la adolescencia

Sólo con criterio didáctico y considerando que, en general, las preocupaciones de un varón de 11 años, difieren, por ejemplo, de las de uno de 17, dividiremos la adolescencia en tres etapas, considerando aspectos bio-psico-sociales. Así, hablaremos de adolescencia inicial, media y tardía, con la finalidad de lograr una mejor comprensión sobre qué les ocurre y qué temas preocupan a los adolescentes varones que pueden ser nuestros hijos, alumnos, pacientes, en cada uno de estos momentos.

Ya nos referimos a la variabilidad durante la pubertad, como, por ejemplo, varones que presentan su estirón puberal a los 14 años y otros que lo presentan a los 12 ó 16, pues los tres se hallan dentro de parámetros normales.

Esta variabilidad también se manifiesta en relación con la importancia que adjudican a su imagen corporal, desde el punto de vista de la relación con sus pares y padres, de la autonomía que van adquiriendo y de su inserción social.

Adolescencia inicial (10 a 13 años)

La preocupación está centrada en los cambios corporales. Hay gran incertidumbre acerca de la apariencia y preocupa la mirada de los pares y de los adultos.

Cobran valor los estereotipos psicofísicos de virilidad: fuerza, agresividad, talla alta, voz gruesa, vello facial y corporal.

Comienzan a manifestar menor interés en la relación con los padres y mayor necesidad de privacidad. Sus amigos son, en general, pares del mismo sexo.

Se produce un aumento de las habilidades cognitivas, y surgen metas vocacionales irreales: ser bombero, aviador, futbolista, policía.

Al considerar la **pubertad**:

¿Cuáles son los cambios observables?

Dijimos que es en la adolescencia inicial donde comienza el desarrollo sexual con el aumento del tamaño testicular. La piel del escroto se congestiona y cambia de textura. Hay escaso crecimiento del pene. En cuanto a la aparición de vello, se observa en el pubis vello lacio y ligeramente pigmentado. En cuanto al aumento de talla, el crecimiento es de 5 a 6 cm por año.

¿Qué temas preocupan? Baja talla, escaso desarrollo de los genitales, escaso desarrollo muscular, escasa fuerza física, presencia o no de otros cambios puberales, como cambio la voz.

Adolescencia media (14 a 16 años)

En relación con la imagen corporal se manifiesta el deseo de poseer un cuerpo más atractivo, y esto se asocia a una fascinación por la moda y a cierta uniformidad en el modo de vestirse.

Es el período de máxima interrelación con los pares y de conformidad con los valores de los mismos. La opinión de los amigos es muy valorada. Comienzan a relacionarse con adolescentes del sexo opuesto y un porcentaje de ellos inician relaciones sexuales. También es una de las etapas de mayor conflicto con los padres.

Es importante recordar que existe en esta etapa un sentimiento de invulnerabilidad, aquello de "a mí no me va a pasar" que lleva a conductas omnipotentes generadoras de riesgos, como lo demuestra el alto porcentaje de accidentes en la adolescencia media y tardía. También en esta etapa un gran porcentaje de varones experimenta con alcohol y tabaco.

En cuanto a la **pubertad** es el período de máximo crecimiento testicular. Se produce crecimiento del pene, primero en longitud y luego aumentando el diámetro del glande.

En cuanto al desarrollo de vello, el vello pubiano se hace más áspero y rizado y aparece vello axilar y facial.

Es la etapa en la que se produce, en general, la espermarca o primera eyaculación.

En cuanto al crecimiento corporal, se produce el estirón o empuje puberal, se manifiesta un importante desarrollo muscular y cambia la voz.

¿Qué temas preocupan? Estirón puberal, eyaculación, masturbación, inicio de relaciones sexuales, potencia sexual, desarrollo muscular, desarrollo del tejido glandular mamario (denominado *ginecomastia*).

Adolescencia tardía (17 a 19 años)

Respecto a la imagen corporal, hay mayor aceptación de la misma y mayor preocupación por la salud y el autocuidado en general que se manifiesta, en ocasiones, eligiendo una alimentación más sana, realizando deportes, etc.

En general se observa un mayor compromiso en la anticoncepción en aquellos varones que han iniciado relaciones sexuales.

En cuanto a la independencia, se observa un mayor interés por acceder al mercado laboral y lograr autonomía social, esto unido al desarrollo de un sistema de valores y metas vocacionales reales. Las dificultades de inserción laboral y la desocupación generan gran preocupación y desaliento en los jóvenes.

Continúan, como en la adolescencia media, las conductas generadoras de riesgos, a lo que se suma la posibilidad de conducir automóviles, motos, etc.

Finalizanda la **pubertad**, los genitales adquieren características adultas. Se adquiere la talla definitiva y continúa el desarrollo muscular y el aumento de peso.

¿Qué temas preocupan? Enfermedades de transmisión sexual, anticoncepción, autocuidado, potencia sexual, eyaculación precoz.

Autoexamen testicular

Dado que el cáncer testicular es frecuente en adultos jóvenes y que la detección precoz del mismo tiene buen pronóstico, es fundamental instruir a los adolescentes varones, a partir de la adolescencia media, sobre la importancia de efectuar el autoexamen testicular. De igual modo, se explica a las adolescentes mujeres el autoexamen mamario para prevenir cáncer de mama.

Se explicarán a los pacientes las características normales del testículo, y cómo efectuar la palpación de los mismos. También los beneficios de realizar el autoexamen testicular una vez por mes y la necesidad de notificar al médico sobre irregularidades, cambios de tamaño testicular o sensación de mayor peso en testículo.

Consideraciones generales

La apariencia física, el desarrollo de los genitales, el inicio de relaciones sexuales son temas que preocupan a varones y mujeres durante la adolescencia.

Los adultos a cargo de los jóvenes suelen o mostrarse muy preocupados o idealizar esta etapa.

Surge entonces para los adultos la necesidad de informarse y de incentivar los controles de salud en el adolescente, resaltando la importancia del autocuidado.

Bibliografía

Chemes, H., "Cambios testiculares asociados al comienzo y desarrollo de la pubertad humana", en César Bergadá (comp.), *Fisiopatología de la pubertad*, Buenos Aires, Ergón, 1986, pp. 49-51.

Cusminsky, M., *Manual de crecimiento y desarrollo del niño*, Washington D.C., OPS, Serie PALTEX, n.° 8, 1986, pp.12-14.

──────────"Crecimiento y desarrollo" en Tomas Silber (ed.), *Manual de medicina de la adolescencia*, Washington D. C., OPS, Serie Paltex, n.° 20, 1992, pp. 47-88.

Demetriou, E., "Trastornos de la reproducción en el hombre", en Mc Anarney (comp.) *Medicina del adolescente*, Buenos Aires, Panamericana, 1994, pp. 767-768.

Girard, G., "Pubertad masculina", en *V Antología de Adolescencia y salud*, Costa Rica, Caja Costarricense de Seguro Social, 1993, pp. 161-169.

Kreipe, R., "Crecimiento y desarrollo somático normal en el adolescente", en Mc Anarney (comp.), *Medicina del adolescente*, Buenos Aires, Panamericana, 1994, pp. 78-101.

Inglosall, G., "Desarrollo sicológico y social", en Mc Anarney (comp.), *Medicina del adolescente*, Buenos Aires, Panamericana, 1994, pp. 125-132.

Lejarraga, H., *Crecimiento y desarrollo. Criterios de diagnóstico y tratamiento*, Buenos Aires, Sociedad Argentina de Pediatría, 1986.

3. El varón y la representación del cuerpo

Lic. María Adela Achábal

La representación del cuerpo

La representación mental que tenemos de nuestro cuerpo ha sido designada **esquema corporal**. Éste ha sido objeto de estudio de la medicina, en particular de las investigaciones del sistema nervioso, ya que para que se constituya un esquema corporal integrado es necesario que no haya perturbaciones a nivel de la corteza cerebral y del aparato periférico, puesto que ambos constituyen una unidad. También la psicología ha contribuido en forma decisiva al estudio del esquema corporal.

El esquema corporal es la imagen tridimensional que los seres humanos tienen de sí mismos. Aunque proviene de los sentidos, no se trata de una simple percepción. Se va integrando a través de impresiones táctiles, de dolor, de peso, con sensaciones de los músculos y de las vísceras junto a la percepción visual de algunas partes de la superficie del cuerpo. El esquema corporal es algo cambiante, está en constante desarrollo, proceso que Schilder (1958) llama "autoconstrucción y autodestrucción" internas. Es cambiante porque sigue las modificaciones de nuestro cuerpo.

El esquema de nuestro cuerpo se halla relacionado con el de los demás. Así, en la patología, se ve cómo la persona, al perder la noción de derecha e izquierda para sí misma, la pierde incluso con respecto a los demás. Y esto también sucede en el plano emocional: el conocimiento de sí mismo corre paralelo al conocimiento del otro.

Françoise Dolto (1990 y 1992), importante especialista en niños y adolescentes, establece diferencias entre **esquema corporal** e **imagen corporal**. Sostiene que el esquema corporal es una cuestión genérica, o sea, que es igual para todos los individuos de una misma edad y sexo. Tiene registros inconscientes y conscientes. Se desarrolla mediante el aprendizaje. El concepto de esquema corporal hace referencia al cuerpo actual, independientemente de la historia de sus vínculos. Cuando los médicos evalúan el crecimiento y desarrollo, lo hacen de acuerdo con parámetros esperables que tienen relación con el esquema corporal.

En cambio, la imagen corporal es el registro de la corporalidad inconsciente. Tiene que ver con la historia del sujeto y de sus vínculos. O sea, está ligada a procesos individuales, a la síntesis de experiencias emocionales interhumanas. Está relacionada con los vínculos cercanos y el contexto que rodea a la persona.

En la imagen corporal se manifiestan las bases del narcisismo, del amor hacia sí mismo. Ésta tiene su raíz en el encuentro afectivo inicial con la mirada de la madre.

Veamos dos ejemplos: Juan, de 17 años, consulta por fracaso escolar y sensación de incompetencia para acercarse a una chica. Es un joven inteligente. Alto, armonioso en su contextura, de rostro agradable. Su vida estuvo signada por conflictos parentales debido a la presencia de una abuela autoritaria. Él se reconoce "normal", pero su vivencia interna es de incapacidad e impotencia. Esto se visualiza en su apariencia. Pese a la buena forma de su cuerpo, el agobio de su espalda y el achicamiento postural hacen que su imagen se vea deslucida. Así, podemos decir que la imagen interna del cuerpo se manifiesta externamente a una mirada atenta.

La vida emocional desempeña un papel decisivo en la configuración de la representación del cuerpo. El esquema corporal estaba intacto, siguiendo a Dolto, pero la imagen que tenía de él estaba dañada.

Un ejemplo contrario al anterior es el de Esteban, un joven que tiene una discapacidad motora. Él sabe que su esquema corporal tiene un déficit, pero se siente fuerte y capaz de enfrentar la vida con otros recursos. Su libido está disponible para el trabajo y los afectos. Hay una diferencia entre su esquema corporal y su imagen corporal.

El filme norteamericano *Forrest Gump* es otro buen ejemplo de lo enunciado. En él se relata la historia de un joven que, pese a las dificultades en su esquema corporal e intelectual, recibe el apoyo y el estímulo inteligente y afectuoso de su madre, quien le dice que él puede, como los demás, realizar cosas. Esto influye en generar en él confianza y aprecio por sí mismo. O sea, logra conformar una imagen bien consolidada que lo llevará a realizar una vida rica en experiencias.

Etapas iniciales en la constitución de la representación del cuerpo

Desde el comienzo, la representación del cuerpo está íntimamente relacionada con un otro, en general la madre, que reconociendo sensaciones y estados afectivos en su cuerpo puede asistir a su bebé. Así se va constituyendo un ritmo somático de tensión y alivio. Es importante considerar la ubicación de la tensión y su alivio en una zona corporal, por lo que se va construyendo un mapa de zonas erógenas (son aquellas en las que se satisface la pulsión). Con el desarrollo, éstas van adquiriendo una organización como totalidad y se configura la base de la representación del cuerpo.

Al principio, el niño no tiene representación de su propio rostro, sino que sólo percibe y se representa visualmente el rostro de la madre, con el que se identifica (se ríe si la ve reír). Poco a poco diferencia las distintas partes y disfruta con el juego del escondite y con el "¿dónde están tus orejitas?, ¿tus ojitos?" Se va desidentificando del rostro materno y se identifica con el suyo propio. David Maldavsky (1992) sostiene que cuando el niño puede dar un nombre a la imagen de su rostro, el mismo que le da a su cuerpo, establece una diferencia entre sí mismo y el semejante y ya cuenta con palabras para nombrar y nombrarse.

Reconocer la propia imagen en el espejo es un logro en la evolución. El niño, al comienzo va teniendo una imagen fragmentada del cuerpo y necesita de un soporte, un modelo para llegar a tener la ilusión de un cuerpo no fragmentado. Cuando se dan fallas en estas etapas por exceso, privación o ansiedad o cuando frente a una madre triste, por ejemplo, el chiquito "debe ser la alegría de mamá", en lugar de ser apoyado, se sientan mal las bases del sano narcisismo de la propia imagen.

El proceso identificatorio primario se realiza con la figura materna y es una identificación con la especie humana. El varón, a medida que va discriminando el todo en sus partes, va estableciendo diferencias. Se diferencia de la madre, pero mantiene su identificación primaria a través del padre: él es igual que el padre. El chiquito de 3 años tiene una idea firme de lo que es la imagen de un hombre; así, por ejemplo, se pondrá a llorar si su papá se pone la ropa de su mamá.

O sea, tiene un ideal primitivo de la imagen masculina. Esto nos muestra cuán temprano se establece la imagen diferencial de lo que es un hombre.

Alrededor de los 5 años la integración de la representación del cuerpo aumenta e incluye el reconocimiento de los dos sexos y la admisión de que el niño tiene uno solo. Luego de este período, el interés sexual queda sepultado y comienza la etapa de latencia. En ella la imagen masculina se completa con los atributos de la cultura. Los chicos se cuidan de diferenciarse de las chicas y están vigilantes ante cualquier desviación.

La experiencia, a partir de los tratamientos de varones, incluso pequeños, indica que el niño busca en el encuentro con el cuerpo del padre, un modelo, un ideal, que lo ayude a alejarse de las polleras y le muestre una forma masculina de ir al mundo. Pero busca también que le dé señales para ser él mismo, para lograr su autonomía y su independencia respecto a imperativos impuestos desde afuera. Esto se logrará a través del juego, el diálogo, los paseos, pero también permitiéndose el padre abrazar, abrigar, llevar del hombro.

La falta de este contacto, si bien no impedirá la identificación con lo masculino, llevará a que ésta se haga a la manera de esa falta. O sea, sería una imagen masculina distante, a veces basada en el poder que puede inducir a la sumisión frente al mismo sexo, lo que constituye un estereotipo masculino con el que solemos encontrarnos.

Si las relaciones familiares están basadas en el encuentro predominantemente armonioso de los cuerpos y los afectos con sus diferencias masculinas y femeninas y el predominio de la ternura sobre la hostilidad, el niño estará más capacitado para ir encontrando su lugar en el mundo y formar una equilibrada imagen corporal.

Los cambios de la pubertad. La adolescencia

La adolescencia es el período de pasaje que separa a la infancia de la edad adulta. Tiene como centro la pubertad. La **pubertad** (del latín *pubes*: pelo) se caracteriza por la aparición de pelos en los brazos, mejillas y pubis. Esto indica que se están produciendo importantes cambios internos, sobre todo de tipo hormonal. Uno de los primeros indicios de carácter sensorial lo constituyen los cambios de olor del cuerpo (en los genitales, la transpiración). Por llevarse los dedos de la zona donde nace el olor a la nariz o la boca aparece por fin un afecto: el asco, lo que sirve para dar una cualidad a los cambios. En los varones, muchas veces la dificultad para expresar lo que está pasando se manifiesta por expresiones corporales como eructos, flatos, risotadas. Aparecen palabrotas como expresión de la emergencia pulsional genital, que es trabajo para el psiquismo y que lleva tiempo tramitar. El duelo se centra en el cuerpo; está afectada la imagen corporal, el *yo* corporal. La imagen del cuerpo infantil se pierde y en muchos casos esto es vivido con angustia. Sobre todo si se estaba convencido de la belleza del cuerpo infantil. Las actitudes de los adultos tienen mucho que ver, ya que si de alguna manera rechazan los cambios no ayudan al adolescente a "digerir" la transformación. Así sucede con el cambio de la voz; cuesta tolerar la pérdida de algo tan conocido. Aparece preocupación sobre todo en lo púberes por la integridad de los órganos sexuales, que están cambiando.

En la adolescencia temprana y aun después, puede darse un "dejarse estar" en que no interesa nada, ni la apariencia del cuerpo. Podemos relacionar esto con una forma de identificarse con la sensación de desamparo del mundo, que no otorga significado a los cambios pulsionales. En realidad, el adolescente es difícil, pero si adultos y jóvenes tienen confianza en la vida encuentran el sendero.

En el comienzo se vuelven a plantear las preguntas por la diferencia de sexos. Todo debe reordenarse para alinear los diferentes erotismos bajo la supremacía genital. Se producen grandes cambios en la representación del cuerpo. Lo más importante es lo más ocultado: las erecciones se hacen más frecuentes y terminan con una emisión de esperma. El flujo de sangre al pene es un fenómeno fisiológico que lo vuelve duro y agrandado, lo que se acompaña de excitación. En general poco se habla de esto y a veces genera vergüenza y preocupación en el muchacho. Esto es algo natural. Por otra parte, no toda erección supone deseo amoroso, aunque a veces se dan juntos. En ciertas ocasiones la erección lleva a la masturbación casi involuntaria. Esto es algo totalmente natural. Cuando la carga genital no se puede canalizar, ya sea porque hay mucha pasividad en las conductas, introversión o aislamiento, pueden aparecer manifestaciones de tipo espasmódico, como ataques de risa, de asma, de dolor o manifestaciones de tipo epiléptico como las ausencias. También pueden agudizarse tics y sonambulismo. En algunos casos los adolescentes disocian, de su ser, el cuerpo. Éste es algo que tienen, no que son.

Cuando a través del cuerpo se expresa la angustia con un problema corporal que no tiene una base real o con conductas de descuido o indolencia es menester que se dé un significado a lo que les pasa para hallar una salida. La palabra indolencia nos da una pista: es un dolor no sentido; el muchacho no se puede dar cuenta de lo que le duele o le sucede. Tomemos otro ejemplo: Joaquín sufría de repetidos dolores de cabeza sin causa real. Cuando, hablando con su médico, pudo entender cuánto le preocupaba su falta de estatura y de desarrollo y fue comprendido y tranquilizado, los problemas cesaron.

En la adolescencia propiamente dicha, cuando las cosas van bien la conciencia aumenta y se va encontrando el camino. El canalizar la carga de la pulsión genital no supone tener relaciones sexuales. Puede canalizarse a través de la actividad física, las relaciones sociales, la creatividad, el trabajo. En algunos casos, la iniciación sexual es prematura ya que se hace por no desentonar y no por verdadera atracción. Termina, en general, produciendo insatisfacción.

En muchas familias, la preocupación por el sida hace que hablen mucho de preservativos y formas de cuidarse (y eso está bien), pero hablan poco de amor y de enamorarse. Así, tiende a inscribirse sólo el problema y poco la importancia del vínculo.

Que los adultos puedan hablar de amor, de confianza, de las características de la seducción, de la relación entre los sexos, diferenciar pasión y ternura es muy importante.

El acto sexual se hace hoy entre chicos y chicas de la misma edad. Muchas veces el muchacho suele estar más preocupado por su potencia que por el goce. Le llevará un tiempo ocuparse sobre todo de su ser y de la percepción de sí y de su compañera.

La masturbación es un recurso que permite conocer el funcionamiento sexual, al mismo tiempo que proporciona un placer erótico. Pese a que la literatura la desculpabiliza, con frecuencia se acompaña de vergüenza.

Lo cierto es que superados los primeros tiempos de la adolescencia, tiende a abandonársela porque "no alcanza el placer solitario". Dice Nicolás: "teniendo a Lili en la cabeza no me masturbo ni como como un cerdo."

De este modo, se buscan contactos y vínculos "reales" con los demás y con el otro sexo, donde poner a prueba la propia imagen.

Por otra parte, el interés del comienzo por el compañero del mismo sexo reviste características de conocimiento de sí mismo a través del igual, es más bien un vínculo narcisístico. Cuando el conocimiento y la seguridad aumentan, el paso hacia el otro sexo se hace naturalmente.

En la adolescencia propiamente dicha, la vida emocional es más intensa porque ya ha pasado el temporal de los cambios. Los impulsos tienden a organizarse. El adolescente ya no se pregunta "¿quién soy yo?".

La energía sexual se canaliza, en primer lugar, por el crecimiento (en general hasta los 18 años); por el desasimiento de la figura de los padres; por invertirla en personas, ideales, intereses, actividades y por el desarrollo del pensamiento abstracto. Los modelos familiares caen por la búsqueda de autonomía. Los medios de comunicación son también miembros de la familia; pero ellos no caen, sino que son importantes, en cuanto transmiten ideales y modelos para los jóvenes. Por un lado, los ayudan a conformar una imagen con una estética particular que permite unificar, al identificarse con la imagen, lo que el joven siente desarticulado en sí mismo. La estética actual, expresada en la moda, tiende a igualar en sus expresiones a los sexos y a las edades: padres e hijos se asemejan. El *unisex* y la adolescentización de la moda muestran la tendencia a soslayar las diferencias de sexos y de edades.

Pero más allá de esta tendencia, el adolescente desea encontrar a una chica femenina y a padres adultos, aunque estén actualizados. Así lo manifiestan, sobre todo cuando al pasar los 16 años pueden hablar más claramente de lo que les pasa y sienten. En el fondo necesitan un lugar para la fantasía, para el misterio que se produce frente a lo diferente. En este mundo de la imagen, todo es mostrado y visto. Pero que sea visto no significa que se acreciente el sentimiento respecto a la interioridad de uno mismo, ya sea en el mundo afectivo o en el sentir; y ver y copiar no significa tener conciencia del propio cuerpo.

Los modelos que se ofrecen a los jóvenes conviven contradictoriamente en filmes, publicidades, hombres públicos. Así están juntos héroes agresivos y transgresores, la facilidad del sexo, el "hazte a ti mismo y triunfa", con personajes donde la imprescindible necesidad de penetración del varón (en el decir de Arminda Aberastury) se expresa en conductas vitales protectoras de la familia y del encuentro entre el hombre y la mujer, no sólo corporal, sino también en el plano de los sentimientos.

Volviendo a nuestro adolescente. Él se mira bastante en el espejo y también en los ojos de los demás. La moda propia de la sociedad de consumo utiliza mucho esta necesidad de parecer atractivo. Ella marca un *patrón* propio de este marco cultural. Recordemos que el concepto de belleza varía según las diferentes culturas. En este momento la ropa oscura -especialmente negra-, los jeans, las remeras con inscripciones, a veces provocativas, las zapatillas de marca son la verdadera onda.

Con este *look*, el adolescente tiene su pasaporte. La ropa constituye parte del esquema corporal, que así se extiende. Los tatuajes son parte de la moda. Tatuarse supone modificar de manera permanente el *yo* piel. Agregar algo a la piel de origen. Muchos, por su ubicación, son para ser vistos por los demás. Son una marca de la moda pero alteran el cuerpo. Algunos se hacen tatuajes como testimonio de una historia personal (por ejemplo, el nombre de una novia, una fecha). Podríamos decir que suponen una marca de la ruptura del vínculo con los padres; los adolescentes le dan otra característica a la piel.

En cuanto a los deportes, su práctica, sobre todo cuando se trata de deportes compartidos, constituye un aliado en el crecimiento, integración y socialización de la imagen corporal. A través de ellos, el adolescente fortalece su cuerpo, adquiere habilidades, descarga tensiones y excesos libidinales y agresivos. En las relaciones deportivas tomará a otros como modelos y encontrará espejos de sus propias características, conociéndose más a sí mismo.

Por otra parte, existe una estrecha relación entre los medios audiovisuales y la representación del cuerpo. Los jóvenes de hoy "aman" los *videoclips* y el *zapping*. Parecen tener más rapidez perceptiva que los adultos. A través de los medios audiovisuales pueden estar conectados con el mundo, alimentar sus conocimientos y su fantasía, pero pueden también aturdirse y desconectarse de su realidad. En general, en estos casos, es probable que estén evitando tomar contacto consigo mismos y con sus sentimientos. Podemos citar el caso de David, quien refiere haber pasado largas horas frente al televisor, olvidándose casi de sus necesidades corporales. Cabe destacar que se encontraba solo en su casa y había sufrido una desilusión amorosa. Algo semejante puede suceder con los *videogames* y con Internet. Lo importante es que los padres deben cuidar que sus hijos no se hagan adictos a estos medios. Cuando esto sucede, el espacio virtual adquiere más importancia que el espacio corporal y afectivo.

Finalmente, pensemos la relación entre las adicciones y la representación corporal. Algunos jóvenes beben alcohol, en especial cerveza, sobre todo en el fin de semana. Si la cantidad no es excesiva, se sienten con menos inhibiciones en su imagen corporal. En lugar de prohibir su ingestión, es mejor empezar hablándoles de las sensaciones y afectos de inseguridad por los que atraviesan y de los que quieren escapar. En casos extremos pueden darse verdaderas adicciones al alcohol, a las drogas. En esos casos lo que se busca es anular los afectos y la conciencia. La consulta a lugares o personas especializadas es necesaria.

Como vimos en el ejemplo de Juan, la imagen que un joven tiene de sí mismo se manifiesta en la apariencia, el agobio, el descuido, las torpezas. La imagen interna del cuerpo se manifiesta externamente a una mirada atenta. Las actitudes que tenemos hacia nuestro cuerpo "se hacen carne", más allá de los adornos. La vida emocional desempeña un papel decisivo en la configuración de la representación del cuerpo.

El investigador Paul Schilder (1958) afirma: "La imagen corporal no sólo es puesta en peligro por el dolor, la enfermedad y la mutilación concreta, sino también por la insatisfacción o perturbación libidinal profunda y subyacente."

Una imagen corporal suficientemente buena equilibrará el propio narcisismo con la dependencia de los mandatos del grupo y de los demás en general. Integrará los propios ideales como metas que se trata de conseguir, sin caer en la sobreexigencia. Para lograr este delicado equilibrio, el adolescente tendrá un buen aliado en el humor. Los adultos que vivimos y trabajamos con adolescentes también encontraremos en el humor un aliado para la comprensión.

Junto a la belleza del cuerpo, existe la posibilidad de construir la belleza interior que mucho tiene que ver con dar una forma estética al lenguaje de lo entrañable. Los jóvenes comprenderán y valorarán esta belleza en la medida en que la puedan ver en los adultos.

Conclusión

Nuestra propia imagen corporal adquiere su existencia y sus posibilidades sólo gracias al hecho de que nuestro cuerpo no se halla aislado.

Un cuerpo es siempre la expresión de un sujeto, una historia, y está dentro de una sociedad y un mundo.

Sólo entendiendo esto nos acercaremos a su comprensión.

Bibliografía

Bleichmar, S., "Nuevas complejizaciones. Viejos problemas", en *Actualidad psicológica*, Buenos Aires, 1994, n.° 207.

Dolto, F., *La causa de los adolescentes*, Buenos Aires, Seix Barral, 1990.

——— *Palabras para adolescentes*, Buenos Aires, Atlántida, 1992.

Freud, S., *Tres ensayos de teoría sexual* (1905), Buenos Aires, Amorrortu, 1992.

Maldavsky, D., *Teoría y clínica de los procesos tóxicos*, Buenos Aires, Amorrortu, 1992.

Roitman, C., *Los caminos detenidos*, Buenos Aires, Nueva Visión, 1993.

Schilder, P., *Imagen y apariencia del cuerpo humano*, Buenos Aires, Paidós, 1958.

Volnovich, J., "Varones argentinos: el fútbol como organizador de la masculinidad", en *Actualidad psicológica*, Buenos Aires, n.° 253, 1998.

4. Problemas médicos del adolescente varón

Dr. Alberto Tomás Simioni

Desde pequeños, los varones tienen la suerte de reconocer sus genitales mediante la palpación, comparación con los pares, o visualización directa de sus gónadas (órganos sexuales primarios). Al crecer, estos órganos no pasan desapercibidos, a diferencia de las mujeres, en las que son intrabdominales.

En el varón, la posibilidad de saber que todo está bien está al alcance de la mano. Poder palpar las gónadas es muy importante; poder realizar un **autoexamen testicular** a edad temprana permite controlar y pesquisar precozmente patologías genitourinarias desde su inicio, antes de que se instale una secuela o daño irreversible.

La consulta habitualmente es por síntomas o signos, como ser: edema o tumefacción con o sin dolor, descarga por la uretra o lesiones en la piel que recubre las estructuras.

Dolor testicular

Si la consulta es por tumefacción y dolor testicular, debemos pensar en:
- torsión de cordón espermático,
- carcinoma,
- orquitis,
- epididimitis,
- traumatismo testicular.

Torsión del cordón espermático

En este momento de tantos cambios, con el aumento progresivo del tamaño de los testículos éstos pueden rotar sobre su eje; esto se produce porque existe una anomalía de la suspensión de los testículos al escroto y/o por aumento en la actividad física. La rotación puede provocar la compresión del cordón espermático, afectando a los vasos sanguíneos. Existe una mayor predisposición en aquellos que tienen testículos ubicados horizontalmente, comparados con los que se ubican en un sentido antero-posterior y de abajo hacia arriba, que es la forma habitual.

Si sobreviene una **torsión del cordón espermático**, no hay tiempo que perder; el cordón se retrae y eleva al testículo afectado, duele, se ubica en posición transversal dentro del escroto, se edematiza y presenta hipersensibilidad cutánea; si uno trata de elevar el testículo, no se modifica la intensidad del dolor, como sí ocurre en la **orquitis** u **orquiepididimitis** (signo de Prehn). El dolor es súbito, localizado en el hemiescroto, y puede comprometer la región inguinal y el hemiabdomen. Hay que consultar en forma urgente a un médico y, sin perder tiempo en estudios complementarios (ecodoppler color, centellograma, etc.), se debe intervenir quirúrgicamente para desrotar el cordón y permitir una buena irrigación del testículo afectado. Si esto se hace antes de las seis horas de comenzado el dolor, la viabilidad del testículo es prácticamente del 100 %; a medida que las horas pasan, el daño se torna irreversible y no viable, con la necesidad de realizar la extirpación del testículo, por la mayor probabilidad de que la gónada atrófica degenere en un tumor.

Es una rareza que se produzca torsión del cordón espermático en forma bilateral; cuando sobreviene dolor en ambos testículos, puede deberse a la congestión vascular que se produce frecuentemente ante la hiperexcitación sexual.

La torsión del cordón espermático ***es una de las*** *urgencias* *urológicas* ***que debemos tener en cuenta, ya que pone en riesgo la posibilidad de procrear.***

Torsión de los apéndices testiculares

Los apéndices testiculares son estructuras vestigiales en número de cuatro: el sésil o testicular, responsable del 92 % de todas las torsiones de apéndice, se localiza en el polo superior del testículo; el apéndice epididimario, estructura pediculada que se inserta cerca de la cabeza del epidídimo, es responsable del 7 % de los casos. Y, por último, el paradídimo (órgano de Giraldés) y el conducto aberrante (órgano de Haller) raramente sufren torsión.

Se presenta a más temprana edad que la torsión testicular, en la adolescencia temprana, de inicio súbito o gradual, doloroso, suele localizarse en el polo superior del testículo. Son infrecuentes los antecedentes de dolor similar. El diagnóstico se hace por exploración física, con hipersensibilidad localizada, con nódulo firme y doloroso que es posible visualizar como cianótico. Los métodos complementarios para hacer diagnóstico diferencial con torsión testicular son la ecografía Doppler o el centellograma.

El tratamiento generalmente es médico, se calma el dolor con antinflamatorios. En caso de dolor persistente, se pueden realizar la exploración y eventual extirpación quirúrgica del apéndice.

Orquitis y orquiepididimitis

Otra patología observable en adolescentes es la inflamación del testículo. Si se produce en forma aislada se llama **orquitis**, y si se acompaña de inflamación del epidídimo se llama **orquiepididimitis**.

El mecanismo por el cual se produce es una infección ascendente a través del conducto deferente y el epidídimo, hasta el testículo en el caso de las enfermedades transmitidas sexualmente, o diseminación de bacterias, virus, parásitos y hongos, a través de los vasos sanguíneos o linfáticos. Otro mecanismo de producción de la inflamación puede ser un traumatismo.

La **orquitis** es más frecuente en infecciones virales, como la fiebre urleana o paperas (pospúberes), o el virus Epstein Barr, Coxsackie u otros; el tratamiento es sintomático: reposo, sobreelevación del escroto con algún almohadón, frío local y antinflamatorios orales; en el caso de la orquitis urleana, ésta puede preceder, acompañar o continuar a la tumefacción parotídea.

La **orquiepididimitis** es frecuentemente de etiología bacteriana y generalmente secundaria o como manifestación de una enfermedad de transmisión sexual; causada por gérmenes como *clamidia-trachomatis, neiseria-gonorreae*, etc. Es importante pesquisar otro foco de infección, sin olvidar que la epididimitis puede ser una localización de la tuberculosis. El tratamiento es sintomático, como lo expresado para la orquitis viral, más el tratamiento antimicrobiano específico.

Traumatismo testicular

El traumatismo cerrado testicular puede sobrevenir durante práctica deportiva, accidentes o caídas, como así también debido a heridas penetrantes. Las manifestaciones clínicas más frecuentes son dolor, tumefacción y cambio de color de comienzo súbito. Puede presentarse hematoma testicular, hematocele, ruptura testicular, hematoma escrotal, epididimitis u orquitis postraumática, etc. Se debe solicitar un análisis de orina, secreciones uretrales, imágenes como ecografía Doppler color, centellografía o tomografía axial computada. Debe derivarse al urólogo para exploración generalmente quirúrgica que dependerá de la magnitud del cuadro.

A veces, puede aparecer dolor testicular inespecífico por microtraumatismos ocasionados por bicicleta, equitación, etc. Otras veces, pueden ocurrir microtraumatismos en jóvenes con escrotos (bolsas) grandes y péndulas.

Aumento testicular

Si se consulta por masa y/o edema indoloro a nivel escrotal, hay que pensar en:
- hidrocele,
- hernia,
- espermatocele,
- varicocele,
- tumores testiculares,
- tumores extratesticulares,
- quiste de epidídimo.

Hidrocele

Generalmente se diagnostica a temprana edad como una masa quística, indolora, con transiluminación positiva. Los casos más frecuentes son idiopáticos y comunicantes, se deben a un defecto en el cierre del proceso vaginalis por donde descienden los testículos en la vida fetal. Cuando el hidrocele sobreviene en la adolescencia, es habitualmente idiopático, pero a veces puede ser secundario a epididimitis, orquitis, torsión testicular, traumatismo o tumor testicular. El mayor aumento de tamaño se produce mientras transcurre el día, relacionado con el tiempo en que el adolescente permanece de pie.

El hidrocele idiopático no requiere tratamiento pero, si causa molestias o problemas estéticos, se pueden practicar hidrocelectomía quirúrgica, o aspiración y escleroterapia.

Hernia inguinal

Generalmente se diagnostica durante la lactancia, pero en algunos casos se puede manifestar durante la adolescencia. Al igual que en el hidrocele, si el proceso vaginal continúa permeable puede pasar contenido intrabdominal por el mismo y producir la herniación. Habitualmente se manifiesta como una masa indolora que se pone de manifiesto con maniobras de Valsalva (tos enérgica, esfuerzo defecatorio, etc.). Por lo general, la hernia se reduce espontáneamente o en forma manual.

El tratamiento definitivo es la herniorrafia, para evitar la complicación más temida, la incarceración y/o estrangulamiento.

Varicocele

En los adolescentes, durante su desarrollo, puede aparecer estasis venosa producida en el paquete formado por las venas espermática, deferencial y cremastérica; esto se conoce como varicocele. Se manifiesta como una masa palpable tipo bolsa de lombrices y, en casos avanzados, con pesadez o dolor. En grados leves se pone de manifiesto sólo ante esfuerzo o maniobras que aumenten la presión intrabdominal (la tos, el defecar, etc.).

Lo más común es que sea unilateral izquierdo, dado que las venas desembocan en la vena renal en ángulo más estrecho; pero puede ser también derecho o bilateral; en este caso el riesgo de esterilidad es mayor. El tratamiento para los grados III y IV (avanzado) es quirúrgico, dado que compromete el crecimiento normal del testículo, o aumenta su temperatura perjudicando la vitalidad de los espermatozoides. El espermograma no tiene valor en la adolescencia, ya que se logra un patrón del adulto (normal, con porcentaje adecuado de traslativos rápidos), por lo menos dos años después de haber logrado un estadio V de Tanner. Por el contrario, tiene valor de seguimiento en los operados.

Tumores testiculares

Entre los 15 y 35 años de edad, el tumor testicular es el tumor sólido más frecuente. Es generalmente indoloro, y su manifestación es el aumento de tamaño y dureza del testículo afectado; el diagnóstico se corrobora o define por biopsia. Cuando se diagnostica en la adolescencia es maligno, y generalmente al momento del diagnóstico ya metastizó. Otras veces, puede ser infiltración de otros tipos de cánceres frecuentes en la adolescencia, como la leucemia.

De acuerdo con el origen histológico, se los clasifica en seminomas puros (40 %), carcinomas embrionarios (15 al 20 %), teratomas (entre 5 y 10 %), tumores del saco vitelino (1 %) y tumores de células germinales de más de un tipo histológico (de un 30 a un 40 %).

El 10 % de los **tumores testiculares** aparecen en testículos no descendidos. Responden a radio y quimioterapia, y se logran remisiones prolongadas o curas definitivas en más del 50 % de los casos.

El diagnóstico precoz a través del autoexamen testicular cobra jerarquía, con mayores posibilidades terapéuticas.

Falta de testículos

La consulta puede ser porque, al querer palpar los testículos, éstos no están en su sitio habitual; en tal caso podría tratarse de:
- criptorquidia,
- ectopía testicular,
- anorquia.

Criptorquidia, ectopía testicular

A la falta de uno o ambos testículos en las bolsas escrotales se la llama **criptorquidia** (si se encuentra en el trayecto inguinal) o **ectopía** (si se encuentra fuera del mismo).

Se debe tratar de localizar la o las gónadas, si existieran, en la región del trayecto inguinal, en el periné próximo al escroto, o por intermedio de métodos complementarios como la ecografía abdominal u otros estudios como tomografía axial computada, para la localización intrabdominal. Si se encuentra la gónada no descendida, se recomienda removerla quirúrgicamente, dada la alta incidencia de transformación maligna e imposibilidad de espermatogénesis.

Si la criptorquidia se diagnostica en etapas tempranas (antes de los 6 años), la posibilidad del tratamiento médico con estimulación hormonal es factible y generalmente da buenos resultados; de no haber respuesta, se procede al descenso quirúrgico y fijación.

Anorquia

Si en la búsqueda de las gónadas no hallamos testículos en ningún sitio —**anorquia**—, debe estudiarse el sexo genético o cromosómico de este adolescente, y esto lo hacemos a través de la cromatina sexual que se hace directamente de las células de descamación de la mucosa yugal.

De esta manera, con el perfil cromosómico se pueden detectar diferentes enfermedades o síndromes cromosómicos caracterizados por ambigüedad sexual, anorquia o criptorquidia.

Debe tenerse en cuenta que en pacientes con síndromes genéticos, como el caso del síndrome de Down, existe mayor incidencia de criptorquidias o anorquia.

Edema del pene

Si la consulta se da por edema peneano, puede tratarse de:
- fimosis,
- parafimosis,
- verrugas.

Fimosis y parafimosis

La imposibilidad de retraer el prepucio hasta el surco balanoprepucial, con el pene fláccido, se denomina **fimosis**; si la imposibilidad se manifiesta con la erección, se denomina **fimosis funcional**. Puede ser congénita o secundaria a traumatismos o infecciones. El tratamiento es quirúrgico. Cuando un prepucio fimótico fue retraído por detrás del surco coronal y no puede reducirse el glande, estamos en presencia de una **parafimosis**. Se debe tratar la urgencia con frío local, lubricación y compresión del glande; si no es suficiente con ello, es preciso practicar circuncisión de urgencia. Luego de un episodio de parafimosis, se debe programar circuncisión.

Picazón o dolor peneano

Cuando se consulta por dolor o prurito a nivel peneano, puede deberse a:
- balanopostitis,
- candidiasis,
- frenillo corto.

Balanitis, postitis y balanopostitis

A la inflamación del glande se la llama **balanitis**, a la inflamación del prepucio **postitis**, y la de ambas estructuras en conjunto se denomina **balanopostitis**. Pueden ser causadas por traumatismos, por irritantes, por infecciones o ser manifestación de una enfermedad sistémica como la psoriasis o la diabetes mellitus. Son más frecuentes en no circuncisos. En individuos sensibles, el látex o los espermicidas pueden producir una dermatitis de contacto. La causa infecciosa más frecuente es la candidiásica. La balanitis bacteriana, frecuente en no circuncisos, por la humedad permanente con acumulación de esmegma, hace propicio el lugar para el sobredesarrollo de gérmenes habitualmente presentes. El tratamiento es higiene, baños fríos con solución de Burow y aplicación de agentes antimicóticos o antimicrobianos específicos según etiología. La balanitis recurrente es indicación de circuncisión.

Deformidades del pene

Si la consulta se da por deformidades peneanas, éstas pueden ser:
- hipospadias,
- pene corvo,
- priapismo.

Hipospadias. Pene corvo

La desembocadura anómala del meato uretral en la cara ventral del pene se llama hipospadias. Existe alta predisposición familiar a repetirse esta malformación. Se asocia frecuentemente al pene corvo, que es más evidente durante la erección. En los casos severos se dificulta el coito. La falta de descenso testicular y la hernia inguinal pueden asociarse a hipospadias. El tratamiento es quirúrgico, dirigido fundamentalmente a enderezar el pene y crear una extensión uretral con la desembocadura del meato lo más próxima al extremo del mismo.

Priapismo

A la erección prolongada, dolorosa e involuntaria, no asociada con estimulación sexual, se la denomina **priapismo**. La forma más común es la idiopática; pero el priapismo puede ser secundario a alguna enfermedad drepanocítica como la talasemia, la leucemia, la policitemia y la macroglobulinemia. Tanto algunos medicamentos —antihipertensivos y antipsicóticos— u otras sustancias —alcohol y marihuana—, como lesiones del sistema nervioso central, traumatismo de médula espinal, infecciones locales y sistémicas, neoplasias y la diálisis renal, pueden ser agentes etiológicos de priapismo secundario. En estos casos, el tratamiento depende de la enfermedad que le dio origen. Se utilizan sedantes y analgésicos; en algunos casos se anestesia con lidocaína la base del pene, y en el último de los casos, si no revierte, se practican la aspiración y la irrigación de los cuerpos cavernosos con solución fisiológica. Como última alternativa, se recurre al *shunt* quirúrgico entre el cuerpo cavernoso distal y el glande.

Agrandamiendo de las mamas

Además, el adolescente puede consultar por manifestaciones extragenitales, como son las mamas.

Ginecomastia

Con gran preocupación llegan a la consulta adolescentes traídos por sus padres, por presentar crecimiento del tejido glandular mamario. Esto se conoce con el nombre de **ginecomastia**, lo cual es sumamente frecuente, ya que hasta un 60 % presentan un discreto aumento del tejido mamario subareolar coincidente con el inicio puberal. La ginecomastia es generalmente dolorosa en forma uni o bilateral, y al cabo de uno o dos años desaparece espontáneamente. Lo descrito es válido para ginecomastia tipo 1; para el tipo 2 la evolución es más compleja, ya que puede alcanzar desarrollo mamario femenino, y no ocurre regresión espontánea, pudiendo requerir resolución quirúrgica.

En los pacientes obesos es observable una seudoginecomastia, con aumento de la distribución de tejido graso a ese nivel sin crecimiento de tejido mamario.

En su gran mayoría son idiopáticas y transitorias, siempre que aparezcan en el estadio II de Tanner. Debemos pesquisar en el interrogatorio la ingestión de medicamentos (digitálicos, ketoconazol, cimetidina, diazepan, fenitoína, clorpromazina, isoniacida, antineoplásicos, espironolactona, esteroides anabólicos, estrógenos, gonadotrofina coriónica humana, amiodarona, domperidona, metildopa, nifedipina, teofilina, etc.) o consumo de sustancias como la marihuana o cannabis, ya que se ha encontrado estrecha relación con la génesis de este cuadro. Enfermedades endocrinológicas como el hipo o hipertiroidismo pueden acompañarse de ginecomastia. Si la ginecomastia se acompaña de testículos pequeños o criptorquidia, hay que pensar en algún síndrome genético como el de Klinefelter, síndrome de Kallman, anorquia congénita o de ciertos tipos de seudohermafroditismo (femenización testicular, síndrome de Reifenstein). Es mucho más rara la ginecomastia asociada a tumor secretor (adrenal o testicular) o por enfermedad hepática crónica.

Es muy importante orientar al menor y a su familia, controlarlo, acompañarlo y tener en cuenta que en este momento se reafirman las características físicas que atañen a su masculinidad (desde su esquema corporal). Si la regresión de la mama no se produce en un tiempo prudencial, la corrección o resolución del problema debe ser quirúrgica.

Consideraciones generales

El espacio ofrecido a los adolescentes varones en la consulta debe ser ameno, cordial, respetando los tiempos del joven.

El momento del examen de los genitales debe ser propicio para hablar de sexualidad, masturbación, relaciones sexuales, marcando todo lo que se observe como normal, ya que habitualmente genera gran preocupación en los adolescentes si el desarrollo de sus genitales está dentro de los parámetros de la normalidad. Es preciso esclarecer dudas; de ser posible, manejarse con preguntas abiertas para dar espacio al diálogo y la reflexión. Hay que respetar el pudor del joven, no obligarlo al examen en la primera consulta; sí marcarle los beneficios del control, hablar sobre el autoexamen testicular y dejarlo para una próxima consulta (a menos que fuese impostergable de acuerdo con el motivo que lo llevó a acercarse).

A veces nos encontramos con un adolescente con desarrollo madurativo sexual completo, y por ello presumimos actividad sexual o preocupación marcada en temas inherentes a la sexualidad, y no es así.

Se debe dejar claro en la consulta que existe un espacio para él, no sólo para el control de su crecimiento y desarrollo sino también para abordar temas que le preocupen dentro de la esfera bio-psico-social.

Bibliografía

Cal, A., "Patología específica del varón y anticoncepción masculina", Buenos Aires, Hospital de Clínicas Gral. "José de San Martín", mimeo, 1995.

Casabe, A., "Patología genitourinaria", en *Atención integral de adolescentes y jóvenes. Criterios de diagnóstico y tratamiento II*, Buenos Aires, Sociedad Argentina de Pediatría, 1996, pp. 89-96.

Demetriou, E., "Trastornos de la reproducción en el hombre", en Mc Anarney (comp.), *Medicina del adolescente*, Buenos Aires, Panamericana, 1994, pp. 767-780.

López Kaufman, C., "Ginecomastia (desarrollo mamario en el varón)", en Carlos H. Bianculli (comp.), *El adolescente varón. Enfermedades exantemáticas. Marginación*, Buenos Aires, EDISA, módulo 6, Facultad de Medicina, UBA, 1996, pp. 50-51.

Medel, R., "Patología urogenital del adolescente", en Carlos H. Bianculli (comp.), *El adolescente varón. Enfermedades exantemáticas. Marginación*, Buenos Aires, EDISA, módulo 6, 1996, pp. 52-62.

Rink, R., "Trastornos urológicos", en Mc Anarney (comp.), *Medicina del adolescente*, Buenos Aires, Pnamericana, 1994, pp. 659-668.

Rivero, M., "Patología urológica y andrológica en la pubertad", en *Adolescencia, familia y drogadicción*, Buenos Aires, Ciudad, 1998, pp. 127-133.

Silber, T., "Problemas andrológicos comunes", en Tomas Silber (ed.), *Manual de medicina de la adolescencia*, Washington D. C., OPS, Serie Paltex, n.° 20, 1992, pp. 273-278.

5. Situaciones de riesgo propias del adolescente varón

Lic. Marcela Aszkenazi

El riesgo en la adolescencia

La identificación de variables que funcionan como factores de riesgo es uno de los temas más importantes de la investigación en salud. Una variable se considera como de riesgo si incrementa la probabilidad de que un determinado desorden se desarrolle en el individuo. Conjuntamente con la detección de estos factores, es importante determinar qué sectores de la población tienen mayor probabilidad de enfermar.

Varios estudios refieren, por ejemplo, que existe una fuerte relación entre autoestima y depresión adolescente. En contraste con lo que sucede en el caso de los niños pequeños, los adolescentes tempranos (entre 12 y 14 años) muestran mayor autoconciencia de la propia imagen, inestabilidad, más baja autoestima y una más negativa evaluación del modo en que otros los perciben, junto con más alto nivel de síntomas depresivos (Allgood, 1990). Se puede decir, entonces, que la autoestima juega un rol importante en las conductas adolescentes sanas.

A su vez, se ha corroborado que una relación pobre o conflictiva de los adolescentes con sus padres se asocia con la baja autoestima y bienestar psicológico (Sweeting, 1995). En ese sentido, se analizó la influencia de las redes de contención social sobre el comportamiento relacionado con la salud física y mental, y se indicó que el apoyo de los padres tiene el mayor efecto sobre el autocuidado, seguido del sostén de los amigos.

La depresión adolescente puede estar representada por la noción de *picos estresantes* que ocurren en determinado momento de transición. Posiblemente el cambio del nivel educacional primario al secundario puede ser uno de los momentos más difíciles tanto para varones como para mujeres.

En tal sentido, los síntomas psicológicos parecen estar expresados en forma diferente para cada sexo. Así, los varones presentan en mayor medida problemas de comportamiento y dificultades relacionadas con la motivación y el trabajo escolar, mientras que en las mujeres es más frecuente la pérdida del apetito, preocupación por dolores y malestares y más baja autoestima (particularmente relacionada con su apariencia física).

Varios estudios sobre el uso de drogas y otras sustancias han demostrado que la experiencia con alcohol comienza en la temprana adolescencia, siendo los varones los mayores consumidores. Los comportamientos adolescentes antisociales (consumo de drogas y alcohol, violencia, problemas legales, etc.) pueden ser buenos predictores del comportamiento adulto (Clapper, 1995); en consecuencia, los esfuerzos por la prevención deberían comenzar en esta etapa.

Analizando el riesgo desde la perspectiva de género

La noción de **género** ha surgido en los últimos años para explicar las desigualdades entre los hombres y las mujeres, desplazando el eje de interés de la existencia de un único sujeto universal (se homologa lo genérico humano a lo masculino), a la noción de multiplicidad de sujetos o identidades. Lo femenino y lo masculino se conforman a partir de una relación mutua, cultural e históricamente definida, y ambos conceptos se relacionan entonces con las características psicológicas y las funciones que a través de la cultura se le atribuyen a cada sexo.

De acuerdo con esta visión ambos son definidos en su vinculación del uno con el otro; teniendo en cuenta las relaciones de poder sobre las cuales se organiza dicha relación, se habla así del sistema sexo/género. Las diferencias entre ellos implican desigualdades y jerarquías; tradicionalmente, la cultura está organizada sobre la base de la dominación masculina: lo masculino se visualiza, así, como lo dominante, superior y fuerte; y lo femenino como lo dominado, inferior y débil. Para designar este sistema de supremacía, suele usarse el término *patriarcado*.

Con el estudio y análisis de las relaciones de género, se logró visibilizar esta relación y romper con la idea del carácter natural de las mismas, entendiendo que el género es una forma de señalar las construcciones histórico-culturales elaboradas sobre la base de las diferencias sexuales, esto es, una creación social acerca de las funciones adecuadas para la mujer y para el varón.

La perspectiva de género sostiene que las relaciones entre hombres y mujeres atraviesan todo el entramado social y se articulan con otras relaciones (clase, edad, preferencia sexual, etc.), y además, que las relaciones de desigualdad entre ambos tienen efectos de producción y reproducción de la discriminación, adquiriendo expresiones concretas en todos los ámbitos de la cultura: el trabajo, la familia, la política, la pareja, la ciencia, la salud, la sexualidad, etc. Por lo tanto, esta perspectiva implica favorecer el ejercicio de una lectura crítica a fin de poder analizar y transformar la situación de las personas. Aspira así a crear nuevas formas para que hombres y mujeres visualicen su masculinidad y su femineidad a través de vínculos no jerarquizados ni discriminatorios, estableciendo condiciones de vida más justas para ambos. La ideología sexista,[2] dominante en sociedades que se estructuran a partir de relaciones asimétricas entre los géneros, refleja un modelo de varón caracterizado como una de las fuentes centrales del poder en la familia y en la sociedad.

El proceso de construcción social de la masculinidad y la femineidad se refiere a que a partir del nacimiento se nos educa como varón o mujer, de acuerdo con lo que es socialmente aceptado para cada uno. A través del proceso de socialización, los varones van internalizando, por ejemplo, que la masculinidad implica, entre otras cosas, agresividad, sexualidad frecuente y competitividad, lo que los ha conducido a que valoren la agresión física y la dominación.

Pero, al mismo tiempo, esta determinación genérica produce situaciones paradójicas ya que conlleva para algunos varones altos costos físicos y psíquicos como, por ejemplo, pasar muchas horas fuera del hogar, estar menos relacionados con lo afectivo,

---

[2] *Sexismo* es el mecanismo por el que se concede privilegio a un sexo en detrimento del otro.
Androcentrismo: forma específica del sexismo que concede privilegio al ser humano del sexo masculino.

y exige que se responda eficazmente a demandas externas a veces excesivas como enfrentar peligros, ganar peleas, estar siempre dispuesto sexualmente, sobresalir, etc.

A su vez, como menciona Inda (1996), sostener este modelo heroico trae sus consecuencias: mayores cifras de suicidios y accidentes de autos, de moto y bicicleta; mayor consumo de drogas (cada 6 varones hay 1 mujer que consume) y alcohol; mayor participación en episodios de violencia, y mayor porcentaje de varones en cárceles. A su vez, la reticencia a pedir ayuda hace que los adolescentes varones consulten, por problemas de salud, menos que las mujeres, tanto a nivel psicológico como físico (como piden ayuda en caso extremo, son mayoría en salas de internación por enfermedades tanto físicas como mentales, como así también en servicios de terapia intensiva; consecuentemente registran menor esperanza de vida que las mujeres).

Es el mismo ordenamiento social el que ha ido marcando dos dimensiones distintas para ambos, determinando que la mujer ocupe básicamente el espacio de lo privado y el varón el de lo público, ocultando la problemática de qué sucede con el hombre como persona. Así es que, como lo emocional y afectivo es lo que caracterizaría la subjetividad femenina, socialmente, entonces, para ser varón no hay que conducirse bajo dichas pautas; es decir, no hay lugar para la exteriorización de afectos y emociones.

Los estudios de género intentan facilitar que el hombre internalice cómo ese rol tradicional lo oprime y puede llegar a oprimir a sus seres más queridos, entre ellos su pareja. Este objetivo no es siempre fácil de lograr ya que muchos lo asocian con pérdida de poder y de masculinidad; pero, sin lugar a dudas, se visualizan los beneficios cuando pueden analizar críticamente sus relaciones y modificar dichas actitudes. De hecho, muchos cambios se han venido generando a partir de los últimos años; en las sociedades occidentales urbanas, existe actualmente diversidad de formas vinculares y de alternativas, pero también conflictos entre el modelo tradicional y el nuevo modelo.

No podemos dejar de mencionar en este sentido que el ideal histórico masculino de proveedor de recursos de la familia se encuentra en crisis e, incluso, desmoronado en muchos sectores afectados por el ajuste y la desocupación. Esta situación social produce, necesariamente, efectos de renegociación en el interior de las familias, modificando la posición de cada uno de sus miembros.

Actualmente se están legitimando diferentes modalidades de ser varón, lo que aporta visibilidad sobre otros aspectos de la constitución y el ejercicio de la masculinidad. El nuevo paradigma está basado en la equidad entre los seres humanos e implica reformular los mitos y pautas sociales para construir las nuevas femineidad y masculinidad.

Se ha señalado, así, que es necesario dar una nueva interpretación a la presencia de los varones en los procesos de salud sexual y reproductiva. Se debe poder reflexionar, por ejemplo, acerca del estereotipo de varón que implica una demostración permanente de fortaleza, de estar siempre listo para el sexo, y construir un nuevo modelo que acepta que es posible elegir cómo, cuándo y con quién, otorgando un espacio para el no deseo (tradicionalmente asociado con un fantasma homosexual), que es posible y positivo pedir ayuda, etc. En síntesis, reconocer los propios deseos y necesidades en función de la propia historia personal.

Riesgos en cuanto a la salud sexual y reproductiva de los jóvenes

En general, sobre todo en los países latinoamericanos, se ha entendido y focalizado a la salud reproductiva, o bien en cuanto a la maternidad o bien en cuanto a la planificación familiar y la asistencia en anticoncepción. Existen hoy otras interpretaciones que revelan importantes necesidades que no han sido suficientemente atendidas.

Podemos ahora decir que la salud reproductiva es el estado de bienestar en el que las personas tienen la capacidad tanto de reproducirse como de regular su fertilidad, en que las mujeres logran embarazarse y parir de un modo seguro, en que el resultado del embarazo es exitoso en términos de supervivencia y bienestar de la madre y el niño, en que las parejas pueden tener relaciones sexuales libres del temor a embarazos no deseados o de contraer enfermedades (Gysling, 1994). Esta noción está estrechamente vinculada a la de *derechos reproductivos*, que hacen referencia, entre otros, al derecho de ejercer la sexualidad sin riesgos de contagio de enfermedades de transmisión sexual y sida, y el derecho a tener información, educación y medios para regular y decidir embarazos.

La población juvenil presenta características particulares, en las cuales los riesgos principales están asociados con factores relacionados con el comportamiento. Particularmente, cabe destacar los aspectos referentes a su salud sexual y reproductiva, teniendo en cuenta que en el desarrollo de estos problemas influyen el inicio temprano de relaciones sexuales, la disociación entre actividad sexual y reproductiva, la falta de información adecuada, la inaccesibilidad a sistemas de atención de la salud, etc. En este sentido, uno de los problemas actuales relevantes en Argentina (Checa, 1994) es el del embarazo y la maternidad adolescente, tal como se observa en el Censo Nacional de Población de 1980, que revela una tasa de fecundidad adolescente alta (76.8 por mil) si se la compara con la global (3 por mil); en los sectores más pobres de la población el tema presenta mayor dramatismo. A su vez, más de la mitad de las causas de internaciones hospitalarias de adolescentes mujeres son debidas a complicaciones en la etapa del puerperio; el segundo lugar lo ocupa el aborto y el tercero, otras causas concomitantes.

El abordaje de la temática de los derechos reproductivos, entonces, hace necesario incorporar la perspectiva social y cultural que se oriente en función de mejorar la calidad de vida de los actores implicados. Esta perspectiva tiene en cuenta la significación social, moral y religiosa que se le asigna a la reproducción, así como una visión de la sexualidad asociada al placer, como un aspecto central de la vida y de la constitución de la identidad.

Es importante, en este sentido, una mirada orientada a defender estos derechos e investigaciones acerca de cómo son tomadas las decisiones en la pareja, así como las negociaciones al respecto, prestando especial atención a la forma en que operan en ella los modelos de género.

Bibliografía

Allgood-Merten, B. et al., "Sex differences and Adolescent Depression", en *Journal of Abnormal Psychology*, vol. 99, n.° 55, 1990.

Burin, M. y Meler, Y., *Género y familia. Poder, amor y sexualidad en la construcción de la subjetividad*, Buenos Aires, Paidós, 1998.

Checa, S., "Salud y género: aproximaciones a la problemática de la salud de la mujer", en A. L. Kornblit (comp.), *Ciencias sociales y medicina*, Buenos Aires, Instituto de Investigaciones de la Facultad de Ciencias Sociales de la Universidad de Buenos Aires, 1994.

Clapper, R. et al., "Adolescent Problem Behavior as Predictors of Adult Alcohol Diagnoses", en *International Journal of the Adictions*, vol. 30, n.° 5, 1995, pp. 507-523.

Díaz, A. M., "Derechos sexuales y reproductivos masculinos", en revista *Planificación, población y desarrollo*, vol. 16, n.° 31, Bogotá, 1998.

Gysling, J., "Salud y derechos reproductivos: conceptos en construcción", en Teresa Valdés y Miren Busto (ed.), *Sexualidad y reproducción: hacia la construcción de derechos*, CORSAPS/FLACSO, 1994.

Inda, N., "Género masculino, número singular", en Mabel Burín y Emilce Dío Bleichmar (comp.), *Género, psicoanálisis, subjetividad*, Buenos Aires, Paidós. 1996.

Kornblit, A. L., *Culturas juveniles. La salud y el trabajo desde la perspectiva de los jóvenes*, Buenos Aires, Instituto de Investigaciones "Gino Germani", Facultad de Ciencias Sociales, Universidad de Buenos Aires, 1996.

Lagarde, M., "Mujeres y hombres, feminidades y masculinidades al final del milenio" en *Revista de Ciencias Sociales*, Universidad de Costa Rica, n.° 76, 1997.

Lazaro Jirón, L., "La invisibilidad masculina", en *Revista de Ciencias Sociales*, Universidad de Costa Rica, n.° 65, 1994.

López, E., "Notas para la discusión de aspectos de la salud reproductiva. La salud en Latinoamérica", en A. L. Kornblit (comp), *Ciencias sociales y medicina*, Buenos Aires, Instituto de Investigaciones de la Facultad de Ciencias Sociales de la Universidad de Buenos Aires, 1994.

Sagot, M., "Marxismo, interaccionismo simbólico y la opresión de la mujer", en *Revista de Ciencias Sociales*, Universidad de Costa Rica, n.° 63, 1994.

Santa Cruz, M. I.; Bach, A. et al., *Mujeres y filosofía. Teoría filosófica de género*, Buenos Aires, Centro Editor de América Latina, 1994.

Scott, J., "El género: una categoría útil para el análisis histórico", en *De mujer a género. Teoría, interpretación y práctica feminista en las ciencias sociales*, Buenos Aires, Centro Editor de América Latina, 1993.

Seminario-Taller Regional, *Atención de la salud sexual y reproductiva y la violencia doméstica desde una perspectiva de género*, Uruguay, Bella Unión, 1997.

Sweeting, H. y West, P., "Family Life and Health in Adolescence", en *Social Science and Medicine*, vol. 40, n.° 2, 1995, pp. 163-175.

Valenzuela, S., "La sexualidad adolescente", en Teresa Valdés y Miren Busto (ed.), *Sexualidad y reproducción: hacia la construcción de derechos*, CORSAPS/FLACSO, 1994.

6. El varón y su sexualidad

Lic. Alejandra Cassin

La sexualidad masculina

Desde siempre, las cuestiones y quejas femeninas han ocupado un lugar central en el pensamiento científico, constituyéndose la sexualidad de la mujer en un enigma para ser descifrado. Pareciera que se sostiene la ilusión de que la sexualidad del varón no ofrece interrogantes ni está abierta a revisiones. Sin embargo, la experiencia clínica y la vida cotidiana nos demuestran lo contrario.

Qué es la sexualidad

A decir verdad, la sexualidad comienza con la vida y surge apoyándose en una función no sexual, para luego independizarse. El modelo que Freud da es el del chupeteo en la oralidad: el bebé al nacer tiene el reflejo de succión, cuando empieza a sentir el contacto con el pecho y la leche que va pasando por la boca y la garganta, las sensaciones que va teniendo hacen que finalmente el niño ya no esté satisfaciendo solamente la necesidad de alimento, sino que está buscando el amor de la madre. Entonces, se va produciendo una independencia entre necesidad y erotismo. Por ejemplo, el bebé que ha saciado su apetito, que se retira del pecho de su madre con las mejillas enrojecidas y una sonrisa para entrar en un profundo sueño, he aquí el modelo y la expresión de la satisfacción sexual que el sujeto conocerá más tarde.

Entonces, la sexualidad, lejos de advenir resuelta por mandato natural, es algo que se construye al calor de los primeros vínculos infantiles. Intervienen los padres, la cultura. Toda una matriz social va construyendo ese ser inacabado que nace inmaduro.

La madre con sus cuidados y caricias despierta la sexualidad del bebé, quien ya experimenta emociones sexuales. Toda nuestra infancia está marcada por las etapas del desarrollo de nuestra sexualidad. En todas estas etapas, la excitación sexual se manifiesta de maneras muy diferentes, pero es el mismo deseo[3] el que, cuando uno crece, atrae hacia el otro, hacia aquellos con quienes exploraremos el mundo a la vez familiar y misterioso del placer sexual compartido. Así, entendemos que la sexualidad no designa sólo las actividades y el placer, dependientes del funcionamiento del aparato genital, sino que es más amplia, incluye toda una serie de excitaciones y de actividades, existentes desde la infancia.

En principio, cada uno es único, en su sexualidad, y en todo lo demás. La sexualidad es importante para todo el mundo; sin embargo no es la misma cosa, ni fácil para nadie, nos dice Françoise Dolto.

Por otra parte, la sexualidad de las chicas y de los chicos es muy diferente. Para ambos sexos el primer objeto de amor es la madre. Pero la madre no mira ni manipula de la misma forma al hijo varón y a la hija mujer: en su mirada resume expectativas y deseos que ordenan el perfil sexual de cada uno.[4]

Freud descubre que no se nace con el sexo femenino o masculino; se deviene, porque en el origen de la constitución del psiquismo, es decir, del sujeto en relación con la sexualidad no hay diferencia de sexos; la biología no tiene inscripción psíquica, esto es fruto de otra operación. Es decir que el varón nazca con genitales masculinos y la nena con femeninos no implica un psiquismo equivalente. Los conceptos de masculinidad y femineidad son construidos. Digamos que los hombres y las mujeres no nacen sino que se hacen, y que el ser humano tiene que conquistar una identidad sexual acorde con su anatomía. Camino que se llegará a alcanzar sólo en la adolescencia.

Dijimos anteriormente que los varones y las mujeres no tienen el mismo desarrollo sexual. ¿A qué se debe esta disimetría? La misma no se ubica sólo desde el punto de vista de la percepción, que proporciona una ausencia (del órgano masculino), donde en

---

[3] Deseo: lo podemos relacionar con evocación, con reencuentro, o con nostalgia de una experiencia pasada con un objeto perdido, con una falta, y se va a escenificar en sueños y fantasías.

[4] Raquel Zak de Godstein (1983).

otro lado hay una presencia (el pene), sino desde el punto de vista simbólico.[5]

Se habrá escuchado hablar sobre el complejo de Edipo. Es la idea predispuesta de un mito que prohibe al niño el incesto con la madre, y eso es estructuralmente el mundo humano. Es una prohibición que sólo existe para el género humano, pero que además vela para que el sujeto se mantenga como tal. Es la prohibición de que la madre y el niño sean uno; en ese sentido el complejo de Edipo tiene la idea de introducir un tres desde un principio, para que advenga allí una persona con su propio deseo.

La madre, el niño y la prohibición... la prohibición de que dos se haga uno

La idea de que dos se haga uno, una totalidad completa, acabada, como en el Paraíso, es una idea muy congruente con el género humano; un amor que llene todas las ausencias, y sea un todo sin falta, es un intento renovado que insiste en todas las relaciones humanas.

Pero al mismo tiempo muestra su impotencia, su fracaso; de ahí nacen los reproches, porque el amor nunca resulta suficiente.

Si fuera posible que de dos se haga uno, uno dejaría de ser, ser uno mismo, ser sujeto, para ser alguien absorbido por el otro. Para ser objeto. De esta manera, se estaría evitando el registro y la aceptación de la diferencia. Tarea a veces muy difícil, inclusive para los adultos.

Aquí la función paterna es muy importante, es fundamental. ¿Por qué? Porque es dicha función la que hace de corte, interrumpe la fusión madre-hijo. Para ambos sexos la separación del cuerpo de la madre es crucial. Efectivamente, lo que hace el padre es separar al niño de su madre, privándolo parcialmente de su ternura y del ejercicio erótico que compartía con ella; así hace caer la omnipotencia de completud de la madre y también la del niño, varón o mujer.

---

[5] A nivel de la representación intrapsíquica.

A decir verdad, para que dicha función sea posible es preciso que exista la figura masculina, en primer lugar para la mamá. Es esta ultima la que debe permitir la inclusión de un tercero entre ella y el hijo, enseñándole a discriminar. A partir de una identificación con una madre que discrimina es posible para el chico incorporar la capacidad discriminadora, que es la base del yo en contacto con la realidad. El niño aprende, a través de la madre, que el padre es importante para todos en la casa; por ejemplo, que es el que protege, ya que ésta es una de las funciones características del papá y esto es así porque el padre es importante para la madre. Para el niño varón el padre más que un objeto para tener, se convierte en un modelo como quien ser, a quien parecerse, sirve de modelo para la masculinidad, que después será aprovechado por el superyó[6] para imponerse con el rigor de la ley.

Volviendo al Edipo, este ultimo en el varón es distinto que en la mujer. Cuando la niña descubre que la madre está *castrada*, esto es, que es una madre que no es ni tiene todo, que es una madre deseante, también cae *su* omnipotencia, ya que reprocha a su madre no haberla hecho perfecta. Conocemos infinitas situaciones de desdichas familiares, en las cuales la hija hace reproches constantes a la mamá y, si no tiene nada que reprocharle, los inventa. Esta conducta se incrementa aún más en la adolescencia. Es una frustración para ambas. Entonces, se dirige al padre, a quien le demanda un hijo, procurando encontrar en esa relación una reparación. Una cosa muy importante ahí, para un desarrollo saludable, es que el papá soporte este acercamiento edípico, porque, en la medida en que rechace esa femineidad naciente, la descalifica como mujer, lo que es uno de los fuertes puntos que impulsan hacia la salida homosexual en la mujer.

En el varón, el descubrimiento de la castración materna es al mismo tiempo una amenaza de castración para sí mismo; movido por el interés narcisista de conservar su pene, se ve forzado a salir del complejo de Edipo, echando por tierra las apetencias ante su madre.

---

[6] Superyó: una de las instancias del aparato psíquico. Las otras dos son el ello y el yo. La función del superyó es comparable a la de un juez o censor con respecto al yo. Freud considera la conciencia moral, la autoobservación, la formación de ideales, como funciones del superyó. Clásicamente, se lo define como heredero del complejo de Edipo y se forma por interiorización de las exigencias y prohibiciones parentales.

Al ingresar en el período de latencia, desaparece la masturbación infantil, la investigación sexual, etc., y aparecen como desplazamiento toda una serie de juegos que dan lugar a la descarga de elementos impulsivos, tanto agresivos como tiernos, y aprendizajes que van dando un nuevo curso al afán investigativo que ahora se convierte en conocimiento y aprendizaje. Todo esto provoca que la sexualidad desaparezca de manera manifiesta y que tome caminos latentes diferentes, a través de los cuales se van construyendo diferencias y se va aceptando la identidad diferenciada entre varones y mujeres.

En muchos casos, se observa entre los varones una preocupación casi obsesiva por el tamaño del pene que aparece desplazado en el juego. Tomamos un caso real de un niño de 5 años: cuando el papá volvía de trabajar, el chico lo recibía con una espada de juguete, ambos jugaban con placer a que eran soldados. Un día llega el papá y el hijo lo recibe con las dos manos detrás, el padre lo saluda como siempre —hola, mi general— y el niño no le contesta. Luego de que el padre le pregunta qué le sucede, el chico con vergüenza le muestra su espadita rota; es decir que al tener su espada rota, sintió que no podía cumplir con lo que exigía el ideal, todavía pegado a la figura del padre, ser masculino. Éste es un hombrecito que tiene que ser hombre para otro hombre. Es decir que en el camino hacia la búsqueda de la identidad masculina hay componentes homosexuales, que le permitirían al varón identificarse con el padre.

Con las primeras crisis puberales resurgen las viejas fantasías incestuosas, que estaban aparentemente adormecidas durante el período de latencia. Tenemos entonces, junto o como consecuencia de la intensificación de los impulsos sexuales, una nueva edición del interés por el progenitor del sexo opuesto y la rivalidad con el de igual sexo, según el complejo de Edipo normal. La atracción incestuosa que siente el adolescente lo llena de culpa y temor, al comprobar que sus anteriores fantasías eróticas, alejadas de la real capacidad de concreción, se transforman en una verdadera y peligrosa posibilidad de realización. A raíz de esto, el adolescente asume defensas aparentemente incomprensibles, como, por ejemplo, el evitar toda manifestación cariñosa hacia los padres.

La más generalizada problemática masculina con respecto a la sexualidad consiste en la dificultad de mantener unidas las dos corrientes de la vida psíquica: la corriente tierna que proviene de la pulsión[7] de autoconservación y fija al niño a su madre, en la medida en que ésta es proveedora de atenciones y cuidados, y la corriente sensual que comienza su actividad investiendo a la madre, primer objeto de la elección infantil, pero que es frenada luego por la barrera del incesto impuesta por el padre que impide el acceso erótico a ella. Intentará entonces elegir otro objeto bajo la imago materna, al que luego anudará la corriente tierna.

Freud opina que la impotencia psíquica que se manifiesta en algunos varones, al intentar el ejercicio sexual con algunas personas y no con otras, es una consecuencia de la propiedad del objeto que por algún motivo inhibe la potencia sexual, al quedar fijado patológicamente a la madre y/o a la hermana. Para que no ocurra ésta, la corriente sexual debe poder elegir por objeto a personas diferentes a las prohibidas y, además, el sujeto se ve obligado a esquivar la corriente tierna, evitando el recuerdo de su madre o hermana.

¿Cómo lo logra? Degradando psíquicamente el objeto sexual. La sobrestimación es reservada para el objeto incestuoso, mientras que el objeto degradado, al quedar diferenciado del prohibido, no sólo resulta apto para llevar a cabo el acto sexual, sino que por sus características autoriza el cumplimiento de metas perversas. Esto nos permitiría entender psicoanalíticamente el inicio de las relaciones sexuales del varón con prostitutas.[8] En el hombre el amor y el placer no siempre coinciden.

Entonces, parece evidente que la necesidad del hombre de degradar a la mujer, para poder excitarse, constituye un intento de diferenciar la mujer permitida, castrada, de la madre intocable, fálica. Sin embargo, una mujer así degradada tiende a provocar horror al hacer ostensible su castración, resultando ser una ame-

---

[7] Pulsión: cantidad de energía (empuje) que hace tender al organismo hacia una meta. Es un proceso dinámico que tiene su fuente en una excitación corporal (estado de tensión); su fin es suprimir el estado de tensión y, gracias al objeto, la pulsión puede alcanzar su fin.

[8] El trabajo de investigación "Sexualidad en adolescentes escolarizados de la ciudad de Buenos Aires" (1994) mostró que el 42 % de los varones se inicia sexualmente con prostitutas, y el 11 % con alguien que conocieron ocasionalmente; entre relaciones de mayor compromiso afectivo: el 27 % con sus novias y el 20 % con amigas.

naza. En este sentido, la penetración, que consiste en el ingreso del genital masculino, justamente en el lugar que evoca la falta, la vagina, rememora en el varón su temor a la castración, y además lo fuerza a una identificación con el padre que, en la medida que implique reemplazarlo, es vivida con miedo y culpa.

Freud analiza la actitud de diferentes culturas primitivas ante la desfloración de la mujer, y descubre el sorprendente hecho de que en muchas de ellas no es el marido el encargado de llevarla a cabo, dejando la iniciación sexual de su mujer reducida a un ritual llevado a cabo por otro, quien generalmente detenta una posición de autoridad. De esta manera, Freud vincula el primer acto sexual de la mujer con la experiencia vivida de la castración. Al evitarla, el sujeto no sólo se pondría a salvo del rencor femenino, sino que además eludiría la ejecución de un acto que evoca sus propias ansiedades castratorias. En nuestra cultura observamos a veces una escena diferente: el pavoneo viril luego de la desfloración de una mujer. Podemos pensar que con esta actitud el hombre intenta afirmar su masculinidad y evitar el horror a la castración, intentando convencerse de que castrado es el otro y sólo el otro.

Sin embargo, para los jóvenes de nuestra sociedad, ser virgen es tanto o más difícil que dejar de serlo. Muchas veces, a los factores psicológicos singulares se le suman las presiones sociales y también la preocupación de los padres, que rápidamente rotulan al joven sin experiencia sexual, o a aquel que todavía no ha traído ninguna novia a su casa, de *rarito*.

Desde ya no existe una relación directa entre la virginidad y la homosexualidad. Es nuestra tarea luchar contra esa creencia popular que tanto daño puede ocasionar en algunos jóvenes. La primera vez, el debut es un momento fundante para el varón, a veces más que un rito se convierte en un verdadero reto. La valoración máxima no pasa por la experiencia que se adquiera ni por lo mucho o poco que se ha gozado, sino por haber podido hacerlo, convirtiéndose en un sujeto con una nueva identidad, no sintiéndose idéntico ante la sociedad ni ante sí mismo. Es durante la pubertad y la adolescencia cuando se hace más evidente el temor a la mujer. Los varones se agrupan entre ellos y se acercan al sexo opuesto como una aventura que soportan con mayor o menor valentía y sentido del humor.

El efecto de las prohibiciones jamás desaparece por completo; a veces resulta tan difícil disociar la relación permitida de la incestuosa, que el sujeto tiende a evitarla ya sea renunciando a la práctica sexual, ritualizándola, o con variados síntomas que van de la impotencia a la eyaculación precoz.

En el hombre, el secreto de la femineidad será una importante preocupación, siempre y cuando logre ver en la mujer algo más que un ser castrado. ¿Qué quiere una mujer? ¿Qué puedo hacer yo para satisfacerla? Son preguntas enraizadas en el hombre, ya que de su respuesta depende la posible afirmación de su masculinidad (Litvinoff, 1993).

Bibliografía

Bleichmar, S., "Paradojas de la constitucióon sexual masculina", en *Revista de la Escuela Argentina de Psicoterapia para Graduados*, Buenos Aires, n.° 18, 1992.

Dolto, F., *Palabras para adolescentes*, Buenos Aires, Atlántida, 1992.

——————*La causa de los adolescentes*, Barcelona, Seix Barral, 1990.

Freud, S., "Tres ensayos de teoría sexual" (1905), en *Obras completas*, Buenos Aires, Amorrortu, 1989.

——————"Sobre la más generalizada degradación de la vida amorosa" (1912), en *Obras completas*.

——————"Totem y tabú" (1912), en *Obras completas*.

——————"El tabú de la virginidad" (1917), en *Obras completas*.

——————"Sepultamiento del complejo de Edipo" (1924), en *Obras completas*.

——————"Algunas consecuencias psíquicas de la diferencia anatómica entre los sexos" (1925), en *Obras completas*.

Laplanche/Pontalis, *Diccionario de Psicoanálisis*, Barcelona, Labor, 1993.

Litvinoff, H., "Reflexiones sobre la sexualidad masculina", en *Revista de la Escuela Argentina de Psicoterapia para Graduados*, Buenos Aires, 1993.

Méndez Ribas, J. et al., *Sexualidad en adolescentes escolarizados de la Ciudad de Buenos Aires*, Buenos Aires, OMS/ Programa de Adolescencia del Hospital de Clínicas, Universidad de Buenos Aires, 1996.

Zak de Goldstein, R., "El continente negro y sus enigmas", en *Revista de Psicoanálisis,* Buenos Aires, 1983.

7. Masturbación

Dr. Gustavo Alfredo Girard

La masturbación puede definirse como "el acto de proporcionarse solitariamente goce sexual". Resulta interesante el análisis etimológico de la palabra. Proviene del latín *mas (magis)*, con las derivaciones, primero, de "hay más", "es más", y con posterioridad, "demasía-exceso".

Por su parte, turbar viene del latín *turbare*: perturbar, enturbiar, agitar. Las otras acepciónes etimológicas son: *turbidus* (confuso, agitado, violento), *turbo-turbone* (tormenta violenta), *turba* (muchedumbre violenta), *turbación, perturbar, perturbación, disturbio*.

De lo anteriormente expresado, se puede inferir la importante connotación negativa que la masturbación ha tenido a través de la historia del hombre desde la medicina, la cultura, la moral y la religión. Si bien presente en todas las edades de la vida, es en la adolescencia cuando con mayor frecuencia se presenta y cuando mayor implicancia tienen los aspectos con que es considerada.

La masturbación se presenta tanto en el hombre como en la mujer, pero el hecho de que en el varón culmine en el orgasmo, con la consecuente eyaculación, la pone muy especialmente en evidencia. En la mujer, el estímulo masturbatorio se suele producir a través del frote de sus genitales (generalmente externo), seguido o no de orgasmo y sin que implique *"emisión de algo"*. Esto puede servir para explicar por qué la masturbación resulta menos evidente en la mujer que en el hombre.

Las diferencias que marcan la masturbación en ambos sexos también han sido explicadas por las diferencias anatómicas. Mientras los órganos genitales masculinos son predominantemente externos, los de la mujer son internos y, mientras que en el varón las zonas de excitación se encuentran mas centradas en los genitales, en la mujer se encuentran con una distribución mas difusa.

El acto de masturbarse está presente en los niños; en éstos se produce más centrado en la sensación de placer, mientras que en la adolescencia se encuentra determinado por las más diversas fantasías sexuales. La posibilidad de culminar, en la pubertad, con el orgasmo (eyaculación) proporciona, por otra parte, un goce mucho mayor que, junto con la frecuente imposibilidad práctica de poder acceder a la relación de pareja, representa asimismo una clara explicación para la reiteración.

Es amplio y extenso el *folclore popular* referido a la masturbación y sus consecuencias, que van desde estigmas físicos tales como delgadez extrema, detención de la talla, pelos en las manos, manchas diversas, ojeras, debilidad, etc., hasta otras situaciones no visibles, pero que afectan la memoria, producen locura y en muchos casos la tan temida impotencia e infertilidad futura...

Las creencias populares, muchas veces, preceden históricamente a los conocimientos aportados por la ciencia, pero en no pocas ocasiones están basadas en *fundamentos científicos*. Esto ha ocurrido muy especialmente en el tema que nos ocupa.

El docente e historiador uruguayo José Pedro Barran, en su libro *Medicina y sociedad en el Uruguay del Novecientos*, se refiere con amplitud a los diferentes encuadres de la masturbación a través del tiempo. Este autor cita el discurso del médico Brito del Pino en un mensaje de 1935 dirigido a jóvenes estudiantes, a los que decía, refiriéndose a la adolescencia: "Es una edad peligrosa porque, al mismo tiempo que se producen los cambios sexuales fundamentales, está en vías de completarse el crecimiento, con el consecutivo utilizamiento de los productos cálcicos y fosforados en el esqueleto y su disminución en la sustancia cerebral y el sistema nervioso, por lo cual resulta necesaria una buena sobrealimentación, una vida higiénica al aire libre y al sol, y una prescindencia absoluta del desgaste sexual en cualquier forma."

El mismo autor cita a Adolfo Brunel, quien en 1865 escribe sobre "el hábito vicioso de la masturbación", mientras que Luis Bergalli, en 1892, afirma: "Enflaquecimiento, debilidad muscular, palpitación del corazón, contracciones epileptiformes, verdadera epilepsia, parálisis parciales o generales y muchas veces psicosis que se hacen después causa ocasional para el desarrollo de la locura."

No faltó la presentación de casos clínicos: "Un joven del departamento de Montevideo se entregó, creo que desde la pubertad, a la funestísima práctica del onanismo. En vano fueron consejos y amonestaciones: el pobre joven enflaquecía extraordinariamente a pesar de su desmedido apetito; pocos años después comenzó a tartamudear, las piernas le flaqueaban, por lo que mas de una vez cayó en la calle. El mal hizo rápidos progresos: le sobrevino un ataque de parálisis, perdió la voz y el uso de la razón, su cara revelaba idiotez, repugnante baba caía de sus labios, defecaba involuntariamente en la cama, lo que añadía hediondez a aquel cuadro lastimoso y repelente. El pobre mozo, después de sufrir los más crueles dolores, murió a los 17 años de edad."

Las madres, custodias de la virtud del hogar, fueron alertadas específicamente: "Madres, este período es el más delicado, más peligroso y más funesto de la vida de vuestros hijos; en este período un solo momento de distracción, un solo descuido, puede destruir por completo vuestra tarea de largos años."

Se consideraba que "el problema" también se producía con las emisiones nocturnas de semen. La pérdida del entonces llamado "licor espermático" debilitaba el organismo, por lo que incluso estaban indicadas potentes medicaciones para evitarla, tales como el bromuro y hasta inyecciones epidurales de cocaína, que resultaban aconsejadas "para evitar el debilitamiento que llevaba a la tan temida tuberculosis, particularmente grave en la edad adolescente".

Desde el punto de vista moral y religioso, la masturbación fue también enérgicamente condenada. En la Biblia encontramos el pecado de Onán cuando éste, que debía dar descendencia a su hermano, a través de su viuda (de acuerdo con la ley de Moisés), interrumpía la penetración y finalizaba fuera el acto, para evitar la descendencia (aunque onanismo suele ser considerado sinónimo de masturbación, se trata en realidad de *coito interruptus*, pero tienen en común el derramamiento de semen sin posibilidad de procreación).

En la Edad Media, se consideraba que la fecundación ocurría en la *"tierra fértil"*, que era el útero, mientras que el semen era la *semilla* totipotencial. De esta manera, el derramamiento de semen era considerado como la pérdida de la posibilidad de concebir y un derroche inútil de energía. En la medida en que el ejercicio de la sexualidad era moralmente lícito sólo para la procreación, toda actividad fuera de este fin era esencialmente desordenada y, como tal, pecaminosa. San Agustín afirmaba que incluso los actos sexuales dentro del matrimonio debían estar destinados a la procreación, aunque podían ser justificados los que no tuvieran este destino con el objeto de calmar la concupiscencia. Refiriéndose a su adolescencia, el mismo san Agustín, en sus *Confesiones*, expresa: "Del fango de mi concupiscencia carnal y del manantial de la pubertad, se levantaban como unas nieblas que oscurecían y ofuscaban mi corazón hasta no discernir la serenidad de la tenebrosidad de la libidine."

Resulta paradójico que, así como la masturbación fue condenada por médicos y religiosos, también lo fue por aquellos que en el siglo XX preconizaron la llamada revolución sexual. El ejemplo más evidente es Wilhelm Reich, quien en su conocido libro sobre la revolución sexual escribe, en el año 1945: "Es cierto que la masturbación es preferible a la continencia; pero, a la larga, resulta insuficiente y desagradable porque la ausencia de un objeto de amor se hace penosa; si ya no satisface, provoca disgusto y sentimientos de culpabilidad. Tiene también la desventaja, incluso en las condiciones más favorables, de arrastrar la imaginación más y más hacia posiciones neuróticas e infantiles ya desechadas. El peligro de neurosis crece con esta práctica y se observa en los adolescentes un aire de timidez y crispación, y a la larga la masturbación también debilita el sentido de realidad."

Lo anteriormente expresado supera el valor de lo histórico y anecdótico en la medida en que impregnó todo un sistema de creencias que influyó y aún influye sobre el sano ejercicio de la sexualidad.

Hoy podemos decir que, en el crecimiento y el desarrollo de toda persona, existe también una evolución en el desarrollo de su sexualidad. Ésta pasa desde etapas infantiles hasta adultas, con la lógica transición por la adolescencia. El individuo va madurando físicamente, psicológicamente, socialmente, en la construcción de sus valores, y también lo hace en sus creencias religiosas y en su vida espiritual. No siempre este crecimiento es parejo en todas las áreas. Suelen aparecer asincronías, que cada persona podrá ir superando en la medida de sus posibilidades y capacidades.

Hoy la anatomía y la fisiología del aparato genital demuestran claramente que la emisión de semen no produce en el organismo ningún tipo de efecto patológico. También ha demostrado que, en el caso en que el hombre no se masturbe ni tenga relaciones sexuales, las periódicas emisiones de semen, a través de las eyaculaciones nocturnas, permiten la adecuada renovación de espermatozoides que son continuamente producidos por los testículos, desde que el joven alcanza su madurez sexual.

Desde el punto de vista psicológico, se acepta que la masturbación en la adolescencia representa un proceso de reconocimiento de los cambios puberales, tanto a nivel de su funcionamiento como de la adquisición de las nuevas sensaciones. En el camino hacia una sexualidad adulta compartida, responsable y comprometida, la masturbación se convierte en una de las etapas importantes.

La masturbación frecuente en la adolescencia debe distinguirse de la masturbación compulsiva, que es producida por una problemática psicológica o psiquiátrica. En este caso, la masturbación se convierte en una de las manifestaciones de la enfermedad y no en causal de la misma.

Los criterios tambien han cambiado desde una óptica religiosa. La Iglesia católica jerarquiza la sexualidad cuando expresa que "es parte principal entre los factores que caracterizan la vida de los hombres", y sus principales objetivos están dados por el amor y la fecundidad. La masturbación representaría un acto sexual incompleto, pero al respecto se afirma: "Para emitir un juicio justo acerca de la responsabilidad moral de los sujetos y para orientar la acción pastoral, han de tenerse en cuenta la inmadurez afectiva, la fuerza de los actos contraidos, el estado de angustia u otros factores psíquicos y sociales que reducen e incluso anulan la culpabilidad moral."

De ninguna manera la masturbación, y menos aún la persona que la practica, debe ser estigmatizada ni condenada tampoco deben serlo aquellas que, por las más diversas razones, opten por la abstinencia sexual, ya sea en forma temporaria o definitiva. Juzgamientos temerarios en uno u otro sentido no sólo son cuestionables, sino que se convierten en contraproducentes e invasivos de la intimidad a la que todo ser humano tiene derecho.

Bibliografía

Barrán, J. P., *Medicina y sociedad en el Uruguay del Novecientos. La invención del cuerpo*, Montevideo, Ediciones de la Banda Oriental, 1995.

Catecismo de la Iglesia católica, Buenos Aires, Lumen, 1992.

Foucault, M., *Historia da sexualidade*, San Pablo, Graal, 1985.

Reich, W., *La revolución sexual*, Barcelona, Planeta-Agostini, 1985.

Sagrada Congregación para la Educación Católica, *Pautas de educación sexual*, Buenos Aires, Paulinas, 1985.

San Agustín, *Confesiones*, Madrid, BAC, 1956.

8. Inicio de relaciones sexuales en el adolescente varón

Dr. Gustavo Alfredo Girard
Lic. Silvina Raffa

El principal objetivo del presente capítulo es reflexionar sobre las características particulares que la sexualidad tiene en el adolescente varón.

Toda persona, desde que nace, está determinada biológicamente por un sexo cromosómico, ya sea que de la unión del óvulo y el espermatozoide de los progenitores surja una combinación del tipo xx (mujer) o del tipo xy (varón). Esto determinará la diferenciación del aparato genital en femenino o masculino respectivamente.

Con el avance de tecnologías como la ecografía, en la actualidad los padres, desde momentos tempranos del embarazo y mucho antes del nacimiento, pueden ser informados por los especialistas sobre el sexo del niño/a por nacer. Acorde con el mismo pondrán al recién nacido un **nombre** determinado, lo **vestirán** también de una manera determinada y lo **tratarán** de acuerdo con su sexualidad. Hace ya muchos años, en Suecia, una investigación detallada demostró que las madres trataban en forma totalmente diferente al bebé en función de su sexo, lo que se demostraba claramente en la forma en que procedían a realizar la higiene y cambiar sus pañales. Es fácil de comprobar también la forma diferente con la que el papá juega según sea una hija o un hijo. Mientras que con la primera será más tierno y cuidadoso, con el segundo actuará en forma más ruda y arriesgada. Se permitirá asimismo ser mucho más cariñoso con la niña que con el varón al que intentará por todos los medios hacerlo "hombre".

Los **juegos** son también importantes en el desarrollo de la identidad y presentan un rico simbolismo. La niña recibirá muñecas y lo primero que hará con ellas es abrazarlas y cuidarlas (actitud receptiva). El varón recibirá un auto o una pelota y lo primero que hará será arrojarlos hacia delante o patearlos (actitud penetrante). Tanto un accionar como el otro muestran ciertas características prototípicas de lo femenino o lo masculino. La educación en la **afectividad** de ambos sexos también es diferente según las diferentes culturas. Los "varones no deben llorar" es el mensaje que los niños reciben desde pequeños, y esta forma obligada de tener que expresar sus sentimientos va condicionando desde muy temprano al varón y puede ser un elemento muy importante para la forma en que se desenvolverá en su vida adulta.

Desde ya que existen también ciertas características personales que se encuentran influenciadas por la educación, la cultura o la sociedad; del conjunto de lo heredado y lo adquirido surgirán las características personales de cada individuo.

Inicio de relaciones sexuales

Sea cual sea la edad en que la persona inicia sus relaciones sexuales, este hecho es de una enorme trascendencia para su vida. Existe un "antes" y un "después" que marca, en un cierto sentido, que la persona ya no es la misma.

El contexto, las circunstancias, la pareja sexual y la edad en que dicha primera relación se desarrolla resultan también de importancia significativa. Nos ocuparemos especialmente de reflexionar sobre el inicio de relaciones sexuales en el adolescente varón.

Trabajos ya citados de Pagnoncelli de Souza y colaboradores, en Brasil, y Méndez Ribas y colaboradores, en la Argentina, coinciden en señalar que el inicio de relaciones sexuales en los varones suele ocurrir alrededor de los 14 años. Esto debe comprenderse desde una perspectiva estadística, por lo que nos podemos encontrar con adolescentes que se inician mucho antes y no pocos que se inician mucho más tardíamente.

Si bien hemos señalado la importancia que las relaciones sexuales tienen, éstas no representan la única expresión de la sexualidad de una persona. Muchas veces escuchamos: "el joven ya inició su vida sexual". Sin embargo, a fuerza de ser reiterativos, deseamos destacar que la vida sexual comienza en el momento en que el óvulo es fecundado por el espermatozoide y termina el último día de la vida de la persona.

Una situación que es preciso considerar es que, en diferentes culturas y clases sociales, el varón suele ser presionado por el entorno (padres, pares, etc.), ya sea en forma directa o indirecta, para iniciar relaciones sexuales. Muchas veces el no inicio puede ser interpretado como falta de virilidad, hombría o madurez. Esta presión, en no pocas oportunidades, puede llevar a los adolescentes a iniciarse sin estar plenamente convencidos para hacerlo, lo que puede convertirse en una situación traumática.

Si bien existe en la actualidad una mayor liberalidad sexual que lleva a muchos adolescentes a iniciarse con una pareja de similar edad, no resulta infrecuente el inicio con prostitutas lo que marca una diferencia con aquellos adolescentes que integran en el inicio de sus relaciones sexuales otros aspectos como los afectivos.

Preconceptos con respecto a la sexualidad

En nuestra experiencia como profesionales de la salud que atendemos a adolescentes, nos hemos encontrado con una serie de preconceptos que los adolescentes y/o sus familias tienen con referencia a las relaciones sexuales y que nos parece importante señalar.

Lo natural sinónimo de automático. Si bien la sexualidad es natural en el ser humano, el adolescente suele confundir esa idea con lo automático. La idea pareciera ser que por ser algo natural tiene que "salir bien" en forma independiente de las circunstancias en que la relación se produce. Es como si diera lo mismo con cualquier persona, en cualquier momento y en cualquier lugar. Las relaciones sexuales, por el hecho de ser humanas, tienen todas las características de lo humano. No están influidas sólo por lo instintivo o biológico, sino que intervienen con enorme poder aspectos psicológicos, sociales, culturales, afectivos, educativos, religiosos y espirituales. Frecuentemente, los adolescentes (también muchos adultos) creen poder prescindir de todos estos aspectos que sin embargo influyen en función de las características de cada persona.

La edad cronológica. Desde antes de la adolescencia, todo niño tiene una "fantasía" de la edad en que comenzará a tener relaciones sexuales o sobre la edad "ideal" para comenzar a tenerlas. El momento del debut. Si en ese momento aún no inició sus relaciones sexuales, suele comenzar una etapa de intranquilidad o al menos inquietud que interiormente lo presiona sin medir demasiado la forma en que dicho comienzo se dará. Esto muchas veces se ve agravado por los pares que, con lujo de detalle, suelen contar sus "éxitos" y "logros" sexuales, que no pocas veces nada tienen que ver con la realidad.

Hacerse hombre. Hacerse hombre o hacerse mujer es la terminología popular con la que muchas veces se identifica el inicio de las relaciones sexuales. Es como si antes de este inicio el/la joven fuesen seres totalmente asexuados. De estos preconceptos tampoco se encuentra ajeno el equipo de salud. En las historias clínicas con frecuencia leemos si inició o no "su vida sexual" en lugar de referirse específicamente a las relaciones sexuales.

Actitud sexista. Se considera actitud sexista la que hace prevalecer un sexo en detrimento de otro. Durante muchos años, y aun hoy, en diferentes culturas se ha considerado que el goce sexual sólo lo tiene el varón que, por lo tanto, tiene un mayor goce o placer en las relaciones sexuales. A tal punto, que era clásico presentar el rol "activo" del varón y "pasivo" de la mujer. Esta diferencia no es meramente semántica sino que indica actitudes muy diferentes con respecto a los sexos.

Prevención de la homosexualidad. El temor a devenir homosexual está presente tanto en los jóvenes como en sus familias, especialmente si el muchacho no cumple con el arquetipo de lo que un hombre *debe* ser. Los padres suelen forzar entonces un inicio sin respetar ni el tiempo ni las características del adolescente. Esto puede llevar a relaciones sexuales traumáticas que son netamente perjudiciales para el desarrollo futuro.

Inadecuación y disfunción sexual

Ya señalamos anteriormente que, sea cual sea la edad y las circunstancias en que se produce el inicio de las relaciones sexuales, esta etapa no suele ser fácil. Miedos, fantasías, mitos y prejuicios surgen frecuentemente. Como consecuencia de ello, en muchas oportunidades las primeras relaciones sexuales no suelen ser enteramente satisfactorias.

Los varones suelen tener una creencia idealizada de la manera en que las relaciones sexuales se desarrollan y, al encontrarse con una realidad diferente a la pensada, en muchas oportunidades se generan angustias y preocupaciones como si las cosas "no estuvieran bien".

Lo más frecuente es que se imaginen una duración extremadamente prolongada de la relación en la que sin solución de continuidad un orgasmo es seguido por otro y otro. Con profunda intensidad han deseado este momento y no llegan a imaginarse que en el período refractario se produce una natural disminución del deseo y una pérdida de la erección; esta situación suele ser vivida como una neta disminución de la potencia.

Una de las situaciones que con más asiduidad se presenta en la joven pareja es que el orgasmo masculino es mucho más rápido que el femenino; cuanto menor es la edad del varón más posibilidades hay de que esto ocurra.

Los varones suelen jerarquizar la penetración y apresuran la misma, lo que no permite que las mujeres puedan estar preparadas para el orgasmo.

Otra de las creencias muy aceptadas es la creencia de que resulta habitual lograr 6 ó 7 orgasmos por noche. Al no lograrlos, aparecen preocupaciones e inquietudes.

La colocación del preservativo resulta también compleja en esta etapa. Los jóvenes creen que sus parejas vivirán esto como falta de confianza o al menos consideran que debe ser una maniobra oculta. Es una de las frecuentes causas de mala colocación, con el consiguiente fracaso del método.

No podemos dejar de señalar la importancia del ámbito y las circunstancias de espacio y privacidad que se requieren y que en general no suelen ser tenidas en cuenta por los adolescentes.

Todas estas situaciones y muchas otras más que entran en el terreno de lo anecdótico representarían una **inadecuación** en el inicio de las relaciones sexuales.

Son consideradas como **disfunciones sexuales** las situaciones que impiden una relación sexual para la pareja y que se perpetúan en el tiempo. Si un muchacho no logra una erección en su primera relación sexual se trata de una inadecuación, mientras que si esto ocurre reiteradamente, en una pareja adulta que convive, nos encontramos en presencia de una disfunción.

Resumiendo, podemos determinar que las causas más frecuentes de inadecuación en el inicio de las relaciones sexuales están dadas por:

- conocimiento sexual incompleto o inadecuado,
- falta de comprensión de su genitalidad y de la del otro,
- ansiedad por el debut,
- dificultad en mantener una actividad sexual idealizada y/o convencional.

Conclusión

Ante el inicio de las relaciones sexuales en los adolescentes, el mundo adulto suele responder desde su sistema de creencias o experiencias personales, que son muy valederas para quienes las tienen, pero que no suelen serlo para los demás.

Existen criterios que corresponden a requisitos ideales para encarar adecuadamente esta importante etapa de la vida; estos criterios están dados por:

- la sinceridad,
- el consentimiento mutuo,
- el no daño,
- la responsabilidad y el cuidado,
- el no condicionamiento,
- adecuación al sistema de creencias.

Bibliografía

Domenech, A., *Sexología integral*, Buenos Aires, Panamericana, 1984.

Méndez Ribas, J. M.; Necchi, S.; Schufer, M., "Conductas sexuales en adolescentes escolarizados de la ciudad de Buenos Aires", en *Archivo Argentino de Pediatría*, 94, 5, 1996, pp. 314-322.

Pagnoncelli de Souza R. y otros, "Estudio comparativo sobre el comportamiento sexual de los estudiantes secundarios de Porto Alegre", en revista *Adolescencia latinoamericana*, 1, 1, abril-junio, 1997.

Seglin, C., *La primera vez*, Buenos Aires, Planeta, 1996.

9. Padres adolescentes

Dr. Gustavo Alfredo Girard
Dra. Ana Coll

Una de las características de los seres humanos es la posibilidad de separar los aspectos genitales de los meramente reproductivos. Debido a ello, en muchos casos en que se mantienen relaciones sexuales, no se produce un consecuente embarazo. Entre los animales el acoplamiento ocurre solamente en el período fértil de la hembra, quien rechazará completamente al macho fuera de ese momento de su ciclo.

En cuanto a los seres humanos, además de las diferencias sexuales anatómicas, hay aspectos de la sexualidad que son considerados masculinos o femeninos. El deseo sexual es más específico en el varón (no significa que sea mayor o más importante) y se encuentra centrado en sus genitales, particularmente en el pene. El varón es fácilmente excitado por la estimulación externa: palabras, imágenes, ideas, asociaciones. El deseo sexual tiene un carácter urgente y busca una liberación rápida a través del orgasmo.

En las mujeres jóvenes hay un amplio margen de reacciones individuales. Existen una serie de "inquietudes sexuales" muchas veces no diferenciadas de otros sentimientos (anhelos románticos, entusiasmo, motivaciones maternales, sensualidad). Ciertas pautas sociales que, en determinadas culturas, desaprueban y reprimen el deseo sexual de la mujer pueden intensificar lo descrito anteriormente. A medida que los criterios sociales sobre la sexualidad van cambiando, también sufre modificaciones el ejercicio de la sexualidad tanto de parte de la mujer como del varón. El temor al embarazo no deseado es mayor en la mujer que en el hombre, pero este temor suele quedar muchas veces disminuido ante intensas fantasías de esterilidad, que pueden requerir del embarazo para comprobar la total integridad y capacidad del aparato genital.

De un modo similar, los varones no están seguros de su capacidad viril o necesitan esconder su miedo a la impotencia. Cuando estas dos fantasías coinciden, el resultado puede ser una relación sexual compulsiva donde ambos participantes buscan más una respuesta adecuada a sus dudas que aproximarse uno al otro en una manifestación de amor e intimidad.

Es frecuente escuchar y leer un cierto reduccionismo sobre el embarazo no deseado en la adolescencia. Una adecuada educación sexual solucionaría el problema, se afirma. Muy pocos niegan hoy la importancia que la educación sexual tiene, pero la complejidad es mucho mayor. La pulsión sexual en el ser humano goza de un enorme poder, y no puede ser manejada en individuos demasiado jóvenes, inmaduros o no preparados para ejercerla.

Exige una responsabilidad tanto en la procreación como en el cuidado de la salud personal y de la pareja. Las investigaciones en distintos países muestran que la edad de inicio de las relaciones sexuales tanto en mujeres como en varones de diferentes clases sociales es cada vez mas temprana. Los estudios de Pagnoncelli de Souza y colaboradores, en Brasil, y de Méndez Ribas y colaboradores, en Argentina, son llamativamente similares. En los Estados Unidos, donde existen amplios planes de educación sexual, se demuestra que la prevención de enfermedades y/o embarazo no se da cuando los adolescentes inician sus relaciones sexuales antes de los 17 años. Existe asimismo la circunstancia agravante de que en un porcentaje importante las relaciones sexuales en la adolescencia ocurren asociadas al uso de alcohol y otras drogas; esto explica claramente que la prevención debe encararse en forma global y no sólo desde determinados aspectos de la sexualidad.

Maternidad y paternidad

La diferencia entre las actitudes masculinas y femeninas hace que ambos sexos suelan enfrentar el embarazo de diferente manera. La mujer es quien lleva y siente el bebé dentro de sí. Desde un punto de vista meramente biológico, una vez producido el embarazo, el bebé no requiere de la presencia de su padre, lo que muchas veces deja al varón por fuera de la relación madre-hijo. Esta situación incuestionable ha llevado a la sociedad a subestimar el rol del padre hasta el extremo de que los antropólogos llegan a considerar que la paternidad es una necesidad biológica y un accidente social. Cuando de padres adolescentes se trata, esta subestimación es aun mayor, ya que no hay reconocimiento social de su rol paterno, y no pocas veces esta situación actúa como facilitadora para que puedan desentenderse del problema.

Mientras que la mujer siente al bebé en su vientre desde el comienzo, el padre se da cuenta de la existencia del hijo mucho más tarde. El niño, durante su crecimiento, se va introduciendo en el mundo de su padre por medio de sus juegos, caricias y miradas. La relación padre-hijo es recíproca, es decir que incluye lo que siente el padre y lo que intercambia con el niño.

Es importante destacar que el rol de padre no se desenvuelve solo o aislado del de la madre. Una buena relación del padre con la madre favorece la relación de éste con su hijo, y la buena o mala relación con el hijo afecta en igual sentido la relación de la pareja.

Desde la psicología, muchos autores destacan el papel que juega la madre en "permitir" la entrada de la figura paterna dado el innegable ascendiente y poder que la mujer ejerce sobre el hijo.

Frecuentemente, la madre adolescente aún tiene una relación dependiente con su propia madre lo que puede convertirse en un factor de disturbio en la relación de pareja y de padre-hijo, haciendo más difícil para el padre desempeñar su papel.

Arminda Aberastury en su trabajo sobre la paternidad dice: "A pesar de que la figura del padre es fundamental a lo largo de la vida del hijo, hay dos momentos en los que es extremadamente importante: la organización genital temprana (entre los 6 y los 12 meses) y el comienzo de la adolescencia cuando el desarrollo genital le hace definir su rol en la procreación."

Imagen del adolescente de su propio padre

En el momento en que el adolescente se encuentra reafirmando su identidad, suele entrar en conflicto con la figura de su propio padre, y es ése el preciso momento en que el embarazo lo "obliga" a asumir un rol que hasta ese momento se estaba cuestionando.

En este sentido, resulta de gran importancia el modelo o imagen que el adolescente tiene de su propio padre. Esquemáticamente podríamos considerar tres modelos predominantes:

a) Un modelo tradicional, donde la importancia del padre recae en ser el soporte del niño y de la familia; el padre se ocupa de la disciplina, con un accionar de consejero y de quien se espera que dé buen ejemplo.

b) Un modelo mítico, donde el padre es una figura distante pero firme, que crea las condiciones y la atmósfera convenientes para la seguridad y crecimiento de su hijo.

c) Un concepto más evolucionado que ubica el papel del padre en promotor de crecimiento y desarrollo del hijo a quien le dedica tiempo y sensibilidad ante sus progresos, con capacidad de adaptación ante nuevas situaciones guardando equilibrio adecuado entre los permisos y las prohibiciones.

Respuesta ante el embarazo

Cuando los adolescentes toman conocimiento del embarazo de su novia o compañera, los más jóvenes tratan de asemejarse a sus propios padres y, si ninguno de los modelos descritos los conforman, tratarán de desarrollar uno propio.

Por su corta edad, el joven padre podrá acercarse a su hijo comprendiendo en cierto sentido sus necesidades que aun pueden ser las suyas propias.

Por otro lado, quedará inmerso en su propia lucha para crecer, y lo frecuente es que se sienta abrumado por la doble exigencia de crecer y hacer crecer al mismo tiempo.

La paternidad requiere del hombre un desprendimiento y entrega que exige madurez; puede ser más o menos difícil de asumir pero nunca será fácil. En cualquier parte del mundo, sólo unos pocos padres adolescentes estarán en condiciones de ayudar a su pareja en esta situación y permitir a su hijo crecer con amor y autonomía, recibiendo protección adecuada y saludable.

En nuestra experiencia, no son pocos los jóvenes que planifican estudiar y trabajar para ayudar a su compañera e hijo, pero generalmente fracasan dada la dificultad de conseguir un trabajo que satisfaga sus necesidades.

Ante el embarazo adolescente no deseado debe destacarse, en primer lugar, el tipo de relación de pareja que existía previamente. No es lo mismo un embarazo con posterioridad a un encuentro ocasional que si es fruto de un noviazgo o de una relación más comprometida. Ante una falta de relación afectiva de pareja, es indudable que será excepcional que el joven asuma la paternidad.

Un lugar destacado en este proceso suelen cumplir los padres de la joven pareja.

Mientras que los padres del varón suelen comenzar por poner en dudas la paternidad, los de la muchacha suelen adoptar actitudes totalmente extremas. Unos presionarán forzando un matrimonio, otros impedirán que los jóvenes se sigan viendo y otros intentarán a toda costa promover el aborto. Cuando la intransigencia de los adultos impulsa a la joven pareja al matrimonio, las privaciones y dificultades de la vida diaria, incluyendo en muchos casos la falta de privacidad, traen como consecuencia resentimiento y daño emocional. En la mayoría de las veces, antes o después, la pareja se rompe.

En los casos en que los padres de los adolescentes, sin tener en cuenta su opinión los obligan a abortar y a separarse después, las consecuencias psicológicas suelen ser graves, y la situación será peor cuanto más profundo haya sido el vínculo de la joven pareja.

Abandono del rol paterno

Analizadas las dificultades del joven para asumir la situación, en un gran porcentaje éste abandona totalmente el rol.

Hay varias observaciones de interés surgidas de nuestras entrevistas con futuros padres adolescentes: algunos sienten que han sido engañados por sus compañeras en cuanto a la falta de medidas anticonceptivas, otros simplemente no pensaron en la posibilidad de un embarazo en el momento de tener la relación sexual. Muchas veces intentan asumir su responsabilidad, pero más por un sentido altruista que por el verdadero deseo de ser padres.

Mientras que el embarazo les permite reafirmar su potencia y masculinidad, la sola idea de asumir la paternidad los llena de sentimientos atemorizantes. Muchos de ellos no desean tampoco abandonar su ritmo de vida adolescente para desempeñar un papel no buscado.

Es todo el conjunto de factores personales, de pareja, de familia, económicos, laborales y sociales, en mayor o menor grado, lo que contribuye al abandono del rol. Reflexionando sobre esta complejidad en la que el adolescente se encuentra inmerso, corresponde al mundo adulto adoptar una actitud más continente y menos condenatoria ante esta difícil situación en la que el menor se encuentra.

La posibilidad de los estudios genéticos (ADN), para demostrar la paternidad, va a modificar ciertas pautas "tradicionales" sobre el abandono del rol y responsabilidad paterna.

La determinación casi cierta de la paternidad se convertirá en un importante factor para determinar la responsabilidad que a ambos sexos les corresponde en la transmisión de la vida.

Síndrome del padre soltero

Mientras que resulta frecuente en la historia clínica de una mujer encontrar el antecedente de un embarazo adolescente (a término o no), no ocurre lo mismo con el varón.

En apariencia, todo transcurre como si nada hubiera pasado. Sin embargo, a partir de nuestra experiencia clínica vemos que esto no es así. Sea cual fuere el resultado del embarazo no deseado, el joven no queda indemne.

A corto plazo podemos hablar del síndrome de padre soltero: depresión, sentimientos de culpa, trastornos emocionales diversos, dificultades en el trabajo o en el estudio, angustia, ansiedad y aislamiento que puede desembocar en los más diversos síntomas psicosomáticos.

Quedan muchos interrogantes por develar: ¿cuáles son las consecuencias a largo plazo de esta situación?, ¿cómo será su vida futura de pareja?, ¿cómo desempeñará en el futuro su rol de padre ante el nacimiento de nuevos hijos? Aunque no tengamos las respuestas, podemos inferir que una situación de esta naturaleza no puede haber transcurrido *como si nada hubiera pasado.*

Ante un embarazo adolescente no deseado, siempre deberá tenerse muy presente que en el mismo están involucrados el niño, su madre y el adolescente varón padre, para lograr un abordaje más amplio del problema. Aunque las soluciones completas y satisfactorias no existan, todos aquellos que *participen,* en forma directa o indirecta, deben ser conscientes de que en la medida de sus posibilidades pueden ayudar a mitigar o disminuir las consecuencias de este problema que, en la mayoría de los casos, ninguno de los dos jóvenes buscó.

Bibliografía

Aberastury, A. y Salas, E., *La paternidad*, Buenos Aires, Kargieman, 1984.

Coll, A.; Califri, M. et al., "La maternidad adolescente: ¿deseo de qué?", en *Revista de la Sociedad Argentina de Ginecología Infantojuvenil*, Buenos Aires, 3, 3, 1996, pp. 57-63.

Girard, G.; Coll A., "Maternidad y paternidad en la adolescencia", en Tomas Silber (ed.), *Manual de medicina de la adolescencia*, Washington D. C., OPS, Serie Paltex, n.° 20, 1992, pp. 482-485.

Girard, G.; Coll, A.; Becco, L., "El padre adolescente: alguien que necesita ser atendido", trabajo presentado en VI Jornadas Argentinas de Ginecología Infantojuvenil, Sociedad Argentina de Ginecología Infantojuvenil, Buenos Aires, 1990.

Girard, G.; Coll, A.; Becco, L., "The Adolescent Father: Somebody who Needs Assistance. Implications for Health Care", en *International Journal of Adolescent Medicine and Health*, 5, 2, 1991, pp. 127-133.

Girard, C.; Coll, A.; Villegas, D., "Perfil social del padre adolescente en nuestro Hospital", trabajo presentado en VI Jornadas Argentinas de Ginecología Infantojuvenil, Sociedad Argentina de Ginecología Infantojuvenil, Buenos Aires, 1990.

10. Responsabilidad del varón en la anticoncepción

Lic. María José Faccini

El presente capítulo apunta a la consideración de algunos aspectos sustantivos en el análisis de la participación del varón en la anticoncepción e intenta aportar elementos de información y reflexión para quienes desean una aproximación al abordaje de dicha temática.

La adolescencia está caracterizada por los intensos cambios que involucran las distintas áreas del desarrollo humano. Dentro de estos cambios, el cambio sexual tiene un peso significativo.

Es de conocimiento general que el proceso de crecimiento y desarrollo en esta etapa está signado por su característica asincrónica, cuya secuencia madurativa sería esquemáticamente bio-psico-social.

Este desarrollo asincrónico (en el que la maduración somática no es acompañada de una maduración psicológica y social) constituye un frente de conflicto, dado que, por un lado, a semejanza de los adultos, el/la adolescente posee un cuerpo adulto con funciones biológicas maduras; es decir, está capacitado físicamente para tener relaciones sexuales y tener hijos, pero, por otro lado, a diferencia de las personas maduras, no se encuentra capacitado en lo psíquico, social y emocional para enfrentar este proceso.

Decidir responsablemente es una tarea para la cual el/la adolescente en sus primeras etapas no está totalmente preparado/a.

En relación con ello, la problemática adolescente está considerada como la de mayor riesgo por la posibilidad de ejercicio de su genitalidad en un momento de crisis evolutiva significativa.

En esta etapa, en la que los adolescentes quieren independizarse y al mismo tiempo no separarse de los padres, ocurre generalmente el inicio de las relaciones sexuales; no es de sorprender que el mismo no se desarrolle en un marco de conciencia y responsabilidad.

Esta realidad del adolescente se refleja día a día en las dificultades que presentan en la elección de un método anticonceptivo y en la continuidad en su uso.

Hasta el presente, la anticoncepción en todas las edades y por ende también en la adolescencia se ha enfrentado generalmente como un problema femenino; tengamos en cuenta que mucho hay escrito acerca de la mujer y la anticoncepción y muy pocos artículos abordan esta problemática desde la óptica del varón.

Esta situación se evidencia en nuestra realidad cotidiana que nos muestra que es muy rara la consulta del varón específicamente por anticoncepción en los centros de salud, ya sea solicitando información, orientación, demandando espontáneamente un método anticonceptivo, preguntando por su utilización o efectividad, etc.

Culturalmente se delega sólo en las mujeres el tema de los costos y responsabilidades reproductivas, se ve la reproducción como "un asunto de mujeres", como un hecho femenino; los hombres "quedan afuera" de la consulta, de las decisiones, muchas veces de la información adecuada y necesaria para luego comprometerse.

Sin embargo, habría que preguntarse el porqué de la no participación del varón, más que cuestionarla o enjuiciarla.

La situación actual no es casual, es parte de un proceso y sus orígenes se remontan a lo largo de la historia. Tengamos en cuenta que en el pasado la mujer estaba ligada de modo exclusivo a las tareas del hogar y a la educación de los hijos. El hombre debía proveer el sustento y satisfacer las necesidades económicas de la familia.

Un doble código ético reguló las relaciones genitales de ambos sexos: iniciación sexual temprana para el varón como modo de comprobar su virilidad y virginidad hasta el matrimonio para la mujer.

La ideología patriarcal imperante hizo que el varón considerara la fecundación como un elemento más ligado a su virilidad que a la propia paternidad; la reproducción se consagró como un hecho inherente a lo femenino.

El varón se formaba para ser independiente, capaz y competitivo. Tenía que demostrar que era un verdadero "hombre".

La mujer se conceptualizaba a sí misma como dependiente, seguidora del hombre al cual pertenecía en tanto señora "de", de su apellido. Este patrón de comportamiento trascendió lo privado (la familia) hacia lo público.

Este estereotipo predominó en la mayoría de las culturas y empezó a modificarse tímidamente cuando la mujer logró controlar su fecundidad y se incorporó al sistema productivo. Sin embargo, la sociedad y los roles cambiaron pero los modelos no se ajustaron inmediatamente a esos cambios.

Estos modelos, marcos de referencia necesarios para el adolescente, se han ido transformando pero el marco valorativo sigue vigente.

Revertir este mensaje en un medio donde existen todavía padres que llevan a sus hijos a "debutar" o en el que se acepta que el varón salga a su papá si es mujeriego, pero en el que la mujer no debe tener relaciones sexuales, es difícil.

Sin embargo, el proceso adolescente es un excelente momento para dar paso a la construcción de nuevos modelos, ya que en esta etapa se estaría definiendo la identidad personal y sexual y una nueva capacidad de abstracción. Todo ello podría conducir a los adolescentes al análisis y enjuiciamiento de muchas normas y patrones. Este momento es propicio para someter a consideración la validez y justicia de muchos comportamientos socialmente asumidos como naturales o normales y para reformular las bases para un nuevo esquema de referencia sobre el cual se establecerían relaciones de pareja más justas, éticas y democráticas.

¿Por qué la importancia del varón en la problemática de la anticoncepción?

Primero y ante todo, porque es parte fundamental en este proceso, porque el sentido de planificar la concepción debe ser mutuo; al ser las relaciones sexuales de los dos, el cuidado y la responsabilidad deberían ser compartidos.

Por otra parte, porque vemos que los varones no tienen espacios para hablar de estos temas. Desde los servicios de salud se ha enfatizado muy poco el papel del varón en la salud sexual y reproductiva y el espacio que se les ofrece resulta aún muy reducido.

A esta situación se suma que, de acuerdo con el patrón de virilidad impuesto al varón adolescente, a éste le está vedada la posibilidad de expresar sus emociones: debe negar el miedo, la ansiedad, la ternura; esto constituye un factor de riesgo que atenta contra su salud mental y se yergue como un elemento que también limita sus accesos a los servicios de salud y orientación, porque la enfermedad o la necesidad de apoyo pertenecen al esquema de lo femenino. El varón crece inmerso en una perspectiva desde la que se supone que todo lo sabe; "el varón no tiene dudas", más aún en materia de sexualidad. De allí que, si desde los servicios de salud se intenta atraer a los varones ya sea en relación con el tema de los métodos anticonceptivos o de la planificación familiar, éstos generalmente no concurren ya que temen ser ridiculizados o disminuidos a raíz de carecer de información sobre estos temas frente a su compañera sexual.

En nuestra práctica se evidencia que en muchas situaciones los varones, por desinformación, transmiten a su compañera sexual miedos y creencias que podrían perjudicar la correcta utilización del método anticonceptivo.

Abordaje de la sexualidad en los adolescentes

Frente a los cambios evidentes en las conductas sexuales de los/las adolescentes, a la variada —y no siempre adecuada— información que reciben, frente a las diferentes modalidades en las relaciones familiares, al incremento observado en las enfermedades de transmisión sexual y la presencia constante del sida se visualiza la aparición de nuevas prioridades y estrategias diferentes a las tradicionales para atender a la población adolescente en lo atinente a su salud sexual y reproductiva. Bajo este nuevo modelo, se proponen algunas consideraciones básicas para tomar en cuenta en el trabajo con adolescentes, entre las que conviene destacar:

- Necesidad impostergable de incorporar a los varones en los programas de salud sexual y reproductiva, desterrando el mito de los procesos reproductivos como "asuntos de mujeres".

- Se debe educar a los jóvenes hombres para que compartan por igual las responsabilidades en lo tocante a la sexualidad y a la procreación y acepten la gran responsabilidad en la prevención de las enfermedades de transmisión sexual y del sida.

- **Considerando que la realidad nos muestra la escasa concurrencia de los varones a los centros de salud, una estrategia viable para revertir esta situación sería motivar a las** adolescentes, concientizándolas de la importancia de la concurrencia del varón, pudiendo hacer ellas de enlace para acercar al varón a la consulta.

- Debido a que toda información recibida es sometida a un análisis consciente o inconsciente desde los propios referentes socioculturales, los cuales tienen mayor peso en el momento de actuar, los programas centrados en información sobre medidas preventivas en salud sexual y reproductiva resultan insuficientes si no se abordan los aspectos culturales en torno a las representaciones sociales de la sexualidad, la maternidad, la paternidad, la dinámica de las relaciones sociales hombre-mujer y otros valores vinculados con la salud sexual y reproductiva.

- En nuestro trabajo de educación de la sexualidad con jóvenes, padres, grupos, docentes, trabajadores de la salud y población en general, se aprecia la vigencia de diversos mitos y el peso que aún tienen, en nuestro medio, en la determinación de la conducta sexual. Un ejemplo que ilustra esta consideración se refiere al uso de los métodos anticonceptivos, los cuales son conocidos por los/las adolescentes sin que sean utilizados, existiendo una gran distancia entre el conocimiento y la utilización. De allí la importancia de trabajar los mitos, creencias, valores que circulan e influyen en relación con los diferentes métodos anticonceptivos, siendo fundamental en este punto la influencia del contexto familiar.

- La clave de la intervención es brindar cuidado en consonancia con las necesidades y potencialidades del adolescente, en función de su actitud frente a la vida, la salud, y el embarazo, de tal manera que se lo ayude a utilizar al máximo sus propias estrategias y recursos para enfrentar los problemas emergentes que pongan en riesgo su salud.

- Para lograr cambios en sus comportamientos se debe poner al alcance de los/las adolescentes herramientas que los ayuden a alcanzar el grado de madurez necesario para adoptar decisiones en forma responsable, a comprender su sexualidad y a protegerse.

- Se debe intentar que los/las adolescentes entren en un proceso de concientización de la importancia del cuidado de la salud. El objetivo fundamental será el de generar la capacidad para el autocuidado y la autorresponsabilidad en lo que a su salud se refiere en general y en la anticoncepción en particular, intentando que tomen conciencia de que el tema es más amplio y va más allá de la indicación de un método anticonceptivo.

- Los programas de salud integral en la adolescencia ofrecen un ámbito privilegiado para aproximar el tema de la procreación a la reflexión y decisión de los jóvenes, generando un espacio en que se valore la significación de la procreación de la pareja y en el que puedan abordar los temas de la sexualidad y anticoncepción en un marco de respeto y participación conjunta en donde la decisión del método anticonceptivo partirá de la consideración de que no existe un método anticonceptivo mejor que otro. Es en función de la historia personal, de la educación, de las creencias religiosas cuando cada varón, cada mujer, cada pareja, debidamente informados, deciden el método que consideran más apropiado.

- Para finalizar, se considera que existen tres elementos de fundamental importancia en el abordaje de la sexualidad en los adolescentes: la información, la educación y la comunicación. La información, como instrumento para llegar a la educación, teniendo en cuenta que desde el lugar que sea, se educa por lo que se es, por lo que se hace y por lo que se dice; y la comunicación, partiendo de que siempre nos debemos comunicar con respeto, con prudencia, con verdad y con claridad, haciendo accesible el lenguaje para que los/las adolescentes nos comprendan.

Bibliografía

Beltrán Molina, L., "La salud sexual y reproductiva de las y los adolescentes desde la perspectiva de género", en Simposio: Salud reproductiva en la adolescencia, Segundo Congreso Venezolano de Salud del Adolescente, Valencia (Venezuela), Universidad de Carabobo, 1998.

Cerutti Basso, S., *Sexualidad humana. Aspectos para desarrollar docencia en educación sexual*, Montevideo, OPS/OMS, 1990.

Méndez Ribas, J. M.; Faccini, M. J. et al., "La consulta por anticoncepción en un servicio para adolescentes: nuevas estrategias", en revista *Ginecología y Reproducción*, Fundación Edgardo Nicholson, vol. 3, n.º 7, 1993.

Morin, J. e Icaza, B., *Conversemos de sexualidad. Familia y escuela educando juntas*, Santiago de Chile, Centro de Investigación y Desarrollo de la Educación, 1991.

Peláez, M. J.; Rodríguez, P.; Bermúdez, "Responsabilidad sexual, anticoncepción y adolescente varón", en revista *SOGIA*, 1997, 4, 2, pp. 15-20.

11. Abuso heterosexual en adolescentes varones

Lic. Silvina Raffa, Dr. Eduardo Panza, Dr. Gustavo Girard

Tal vez el título llame la atención y haya requerido por parte del lector releerlo; quizá también genere, en un segundo momento, ciertos sentimientos como sorpresa, perplejidad, negación, impacto, cuestionamiento o rechazo.

Entendemos por **abuso**: "Usar mal, impropia, indebida y excesivamente de algo o alguien. Hacer objeto de trato deshonesto a una persona. Engañar..."[9]

Si nos referimos al **abuso heterosexual**, históricamente las víctimas fueron mujeres. Hecho que tiene una total correlación con los roles de género, adjudicados tradicionalmente por la sociedad al hombre y a la mujer. Por lo general, lo masculino ha sido vinculado con la fuerza y la destreza física, la posesión de bienes y personas y el ejercicio de autoridad sobre la mujer. Sin embargo, la experiencia en nuestro servicio hospitalario ha demostrado que esta relación de fuerzas, en el caso de estar involucrado un adolescente varón, también puede darse en forma inversa.

Veamos un caso.

En el año 1995 se presenta en el Programa de Adolescencia del Hospital de Clínicas de la Ciudad de Buenos Aires, Carlos, un adolescente varón de 14 años. Consulta por presentar mareos y refiere sentirse débil. Concurre solo a la consulta.

ANTECEDENTES PERSONALES: Enfermedades propias de la infancia. Tabaco desde los 12 años, alcohol, marihuana y cocaína en forma ocasional.

Hijo de madre soltera quien, en el momento de esta consulta, tiene 33 años. Carlos nunca conoció a su padre y la madre convive con un hombre desde hace 10 años con el cual tiene 6 hijos. Carlos vivió con su abuela hasta la edad de 12 años en que la misma fallece. Con posterioridad vivió con una tía y luego con

---

[9] *Diccionario enciclopédico ilustrado*, Academia Argentina de Letras, 1997.

una prima, dado que declara que su relación con la madre es pésima.

EXAMEN FÍSICO: Normal, talla 1,78 cm y peso de 69,300 kg. Impresiona como un adolescente de mayor edad y se encuentra bien y formalmente vestido como si se tratase de un joven de clase media alta.

ESTADO ACTUAL: Un poco antes de cumplir los 13 años comienza a trabajar en una tienda cuya dueña es Patricia (38 años), divorciada, quien vive en los fondos del local comercial con un hijo de 11 años.

A los 3 meses de comenzar a trabajar y con 14 años recién cumplidos, es iniciado sexualmente por Patricia y pasa a vivir en la tienda.

Tienen relaciones sexuales que Carlos describe de gran intensidad y en número de tres a cuatro veces por día. Refiere que tienen relaciones sexuales en los más diversos lugares (la cocina, la escalera, etc.).

Se cuidan con preservativo y coito interruptus.

A los dos meses del inicio de las relaciones sexuales, Patricia queda embarazada, comenta esta situación y, pese al desacuerdo de Carlos, decide efectuar un aborto. Carlos refiere sentirse muy mal por esta situación y que en la "intimidad" ella lo trata muy bien, pero que en la vida diaria "no le da su lugar" y lo trata al mismo nivel que a su hijo de 11 años.

Carlos sostiene estar cansado por las exigencias sexuales de Patricia y que ésta se pone celosa cada vez que él sale. Poco tiempo antes lo golpeó, le arrojó un cenicero y una silla por la cabeza, cuando él llegó tarde después de haber salido al cine con un grupo de amigos de su edad.

Patricia se enojó también cuando se enteró de que estaba siendo asistido en el Hospital... "Es un lugar para enfermos y tú estás sano", le dijo.

El incremento de la violencia por parte de Patricia y las repetidas consultas con el equipo del Hospital hacen que Carlos deje la tienda y vuelva a casa de su tía.

En todo este proceso, Carlos concurrió nueve veces al hospital donde fue atendido por un médico de adolescentes y una trabajadora social (ambos con supervisión del equipo de salud mental). En todo momento rechazó entrevista psicológica.

Posteriormente, fue citado en dos oportunidades, pero no regresó. El Programa de Adolescencia informó periódicamente a la Asesoría de Menores de la Ciudad de Buenos Aires.

Los posibles "sentimientos" del lector a los que hicimos referencia al comienzo de este capítulo fueron también experimentados por nuestro equipo de salud interdisciplinario.

En este caso puntual, existen diferencias entre las partes: de edad, madurez sexual y psicológica, económicas, de autoridad (en tanto la mujer es propietaria de la vivienda y empleadora), etc.

Existen marcadas condiciones de supremacía de la mujer sobre el joven, lo que podría ser interpretado como un caso de **abuso**.

¿No estábamos ante un caso de abuso heterosexual cuya víctima era un adolescente varón menor de edad?

Se ejercitaba el poder por parte de una mujer adulta, quien doblaba en edad al joven, ejercía la función de empleadora y no sólo obtenía un rédito sexual sino que ejercitaba también abuso físico.

¿Acaso no es cierto que hoy podemos plantear esto, sólo porque la sociedad está cambiando, porque los roles masculinos y femeninos no son los mismos que hace diez o veinte años atrás?

En una sociedad donde impera el patriarcado, la masculinidad debe ser adquirida a un alto costo. El hombre en todo momento debe demostrar su virilidad, permanentemente debe dar cuenta de su condición superior ejerciendo autoridad sobre las mujeres. Pero, desde que la mujer salió de la casa y compite con el hombre por el trabajo —cargos públicos, derechos comunes, espacios que hasta hacía muy poco le pertenecían al hombre— éste ya no es el mismo. El hombre comenzó a darse ciertos permisos en cuanto a sus sentimientos, comienza a cuestionarse y a ser más consciente y responsable de su papel en el proceso reproductivo biológico y social, acercándose al cuidado de los hijos, replanteándose valores y prejuicios, lo que lleva a constituir una nueva masculinidad sin presiones ni violencia.

En tal sentido, creemos oportuna la presentación de este caso clínico, ya que hoy podemos plantearlo sin cuestionar la virilidad de este joven.

Cuando quisimos buscar la forma de presentar este caso ante la justicia, no encontramos carátula alguna que lo contemplara; no puede ser considerado un caso de **violación** porque siempre el victimario debe ser varón, tampoco puede ser encuadrado en prostitución ni corrupción (según la legislación vigente en nuestro país). Lo que nos deja como respuesta que existe un vacío legal.

Este caso que nos sorprendió fue seguido por otros tantos en nuestro servicio hospitalario como en otros espacios que merecieron amplia publicidad por los medios masivos de comunicación (por ejemplo, el caso de la maestra norteamericana y su alumno, que se hizo *vox populi* en la TV mundial).

El objetivo fundamental de esta presentación es llamar la atención sobre esta situación particular que, sin embargo, no es una rareza. Ello permitirá una escucha diferente a problemas de este tipo que muchas veces se presentan y no suelen ser advertidos.

Cabe aclarar que la legislación argentina está poniendo en revisión, desde el Código Penal, los denominados delitos contra la honestidad (violación, estupro, corrupción de menores y abuso deshonesto, los cuales tienen vigencia desde hace varias décadas atrás).

Lo expuesto es el resultado de un trabajo que llevó tiempo y con un abordaje totalmente interdisciplinario. A partir de nuestra conclusión, invitamos a la reflexión e interpretación de casos semejantes, la publicación de los mismos, la resolución de dichos conflictos. De esta manera podremos ir ocupando ciertos vacíos existentes que permitan esclarecer desde un marco normativo estos casos con mayor rapidez y, probablemente, eficiencia.

Bibliografía

Academia Argentina de Letras. *Diccionario enciclopédico ilustrado*, Buenos Aires, 1997.

Fontán Balestra, C., *Tratado de derecho penal*, Buenos Aires, Perrot, 1992.

Necchi, S., "Aspectos sociales de la masculinidad", en VII Curso intensivo de Postgrado del Programa de Adolescencia del Hospital de Clínicas "José de San Martín", Universidad de Buenos Aires, mimeo, 1995.

Rubianes, C., *Código Penal, su interpretación jurisprudencial. Legislación argentina vigente*, Buenos Aires, De Palma, 1981.

Soler, S., *Derecho Penal Argentino*, Buenos Aires, Tipográfica Editora Argentina, 1978.

Varios, *Código Penal Argentino*.

12. El varón y su proceso de elección vocacional. Algunas reflexiones

Lic. Stella M. Calvo

Introducción

En la producción colectiva de este libro, todos los temas desarrollados en los capítulos precedentes arman una trama en relación con el adolescente y el joven varón.

Sostenidos por esa trama, en este capítulo abordaremos las vicisitudes por las que, en términos generales, atraviesa un adolescente o un joven actual confrontado con la necesidad imperativa de posicionarse frente a "elegir" una manera de vivir, de estar en el mundo, en relación con la posibilidad de estudio y trabajo.

Algunas de las cuestiones que plantearemos pueden hacerse extensivas también a la mujer porque en tanto seres humanos nada les es ajeno a ambos. Sostenemos que la complejidad del ser varón y del ser mujer se debe en gran medida a la complementariedad entre ambos, aunque hayan recorrido una historia social diferente en sus ritmos, tiempos y espacios. Aun hoy puede observarse esto en relación con las expectativas de género en los diferentes ámbitos donde varón y mujer interactúan.

"Ya estoy por terminar el secundario"

Terminar el colegio secundario es una tarea nada fácil. Podría pensarse que naturalmente es vivida con el inmenso placer que significa alcanzar una meta que comenzó a ser soñada unos cuantos años antes: llegar a 5.° Sueño generalmente compartido entre el joven y su familia, y el cual a veces se alcanza después de haber atravesado alguna pesadilla y sustos varios.

Muchas son las situaciones y emociones por las que estos futuros egresados deberán deambular antes de lograrlo: saberse los más grandes de la escuela, vencer las ganas de dejarse estar porque falta poco, transitar por la despedida de sus compañeros/as que fueron muchas veces su sostén y su amparo a lo largo de cinco o seis años (¡un tercio de toda su vida!) que implicaron grandes transformaciones físicas y psíquicas, por lo cual "el viaje de egresados" pasa a constituirse en un rito de cierre a la vez que de apertura. ¿Hacia dónde? ¿Para qué? He ahí el problema. No es fácil despedirse cuando no se sabe bien qué hay del otro lado.

Hagamos primero un poco de historia recurriendo a nuestra memoria como hijos o como padres.

Desde antes del nacimiento estuvimos sostenidos por otros: nuestros padres y su propia historia individual y familiar, cada cual a su manera pero con ciertos rasgos comunes a todos.

La toma de decisiones en relación con el proceso educativo de sus hijos es uno de esos rasgos comunes a todos los padres. En general, es coincidente con los "ideales" que los padres quieren alcanzar para sus hijos o a través de ellos. Aunque también ciertas circunstancias de la realidad (económicas, de salud, políticas, etc.) pueden trabar la libre elección. Pero tanto en uno como en otro caso la decisión siempre encontrará su sentido en esa historia familiar.

Es dentro de "la manera de ser" de cada familia donde un chico inicia su inserción escolar en una guardería, en un jardín o en primer grado; si va a una escuela pública o privada, con o sin formación religiosa; si es de doble jornada o medio turno; si se le van a agregar o no actividades no formales de idioma, música, plástica, deportes... Incluso puede ocurrir que primero las familias hayan hecho una opción y luego hayan debido cambiarla por el motivo que sea. Y, terminado el nivel primario, vuelven a plantearse los mismos interrogantes para seguir el secundario o el actual polimodal.

Cada una de estas decisiones implica una manera de ir abriendo su hijo al mundo y, viceversa, el mundo a su hijo. Allí se encontrarán con otras familias diferentes pero afines, harán amistades, intercambiarán anécdotas, crearán nuevos códigos para comunicarse, compartirán y confrontarán valores y creencias.

Así, sintiendo, pensando y haciendo aprenderán juntos pero no lo mismo. Lo hará cada uno a su manera, desde su propia subjetividad.

O sea que la familia, la educación escolar y la construcción del espacio social son mundos simultáneos y concéntricos a los que pertenecemos y donde permanecemos durante buena parte de nuestras vidas hasta llegar al 5.° año, ¡y casi siempre por la decisión de otros aunque hayamos sido consultados en algún tramo de la elección!

Llegar al final del nivel medio nos pone frente a la evidencia de que el futuro nos pertenece, pero que para llegar a él primero tenemos que ser capaces de imaginarlo, para después pensar cómo construir el camino para llegar. Ya no son nuestros padres o el ministerio de educación: los protagonistas somos nosotros porque se supone que ya podemos tomar nuestras propias decisiones.

Y así, de golpe, nos damos cuenta de que tal vez tengamos un poco de miedo. Después de todo, sólo tenemos 18 años y muchos enigmas por resolver.

¿Será por esto, tal vez, por lo que muchos alumnos quedan adeudando materias y postergando el egreso, en una ilusión de tiempo detenido o que otros se muestran apurados por tener una carrera elegida ya en 4.° año, en un intento por evitar la duda o el vacío frente al corte y la despedida?

Para quien está terminando su ciclo de nivel medio comienza a circular una pregunta: ¿después del secundario qué? Para algunos pensar la respuesta es sinónimo de oportunidad, en tanto que para otros es un problema de difícil solución.

La sociedad en su conjunto sabe hoy la importancia que tiene el nivel educativo alcanzado en relación con mejores y mayores expectativas respecto de la calidad de vida. El cuidado de la salud, el desarrollo de un pensamiento crítico, la inserción social y laboral están indisolublemente ligados a lo educativo.

Por lo tanto, la pregunta inicial que se formula —"¿Qué vas a estudiar?"— conduce a otra mucho más abarcativa y compleja: "¿Cuál es tu proyecto de vida?"

La velocidad de las transformaciones de la sociedad actual rara vez permite planificaciones a largo plazo porque, para la gran masa de población, el futuro es hoy imprevisible. Vivimos en un mundo y una circunstancia en donde lo único cierto parece ser el cambio.

Como dijimos al comienzo, es difícil terminar 5.° año.

"¿Por dónde sigo?"

Si prestáramos atención a lo que dicen los adolescentes o jóvenes de hoy sobre esta pregunta, encontraríamos testimonios de cuáles podrían ser las muy variadas cuestiones que se plantean:

- "Estoy por terminar pero todavía no sé qué voy a seguir..."
- "Me gustan un montón de cosas pero no sé para qué sirvo."
- "Tengo miedo de empezar alguna y después arrepentirme."
- "Mi mamá me dice que ella me ve para abogado pero no sé... abogados hay un montón."
- "Los temas que hablamos con la profesora de historia están copantes."
- "Desde chico pertenezco a un grupo parroquial... y muchas veces pienso en eso."
- "Cuando estaba en 3.° decía que quería ser médico como mi tío."
- "A mí me gusta la música."
- "¿Para qué voy a seguir estudiando si yo lo que quiero es ganar plata?"
- "Hace dos años que comencé el curso preparatorio para la Universidad pero trabajo diez horas por día..."

Cada una de estas frases adquiere su significado a la luz de una historia de vida. Siempre es única e irrepetible porque se produce a partir del encuentro entre el mundo de la naturaleza y de la cultura (el afuera) con el mundo subjetivo del hombre que lo percibe y le aporta su propio sentido (el adentro).

O sea que, por ejemplo, la frase "Tengo miedo de empezar alguna y después arrepentirme" tendrá tantos sentidos como sujetos la enuncien. La oración sin la historia del adolescente no nos dice nada.

El afuera: el mundo y los objetos

Refiere a todo aquello que es exterior al sujeto mismo y que conforma el contexto o la realidad externa. Está allí afuera como el paisaje que lo rodea y lo cobija.

La familia. La familia es el primer paisaje. Allí están el padre y la madre, con sus propias historias individuales y de pareja o expareja conyugal, con sus deseos, sus crisis y sus logros o frustraciones y pérdidas. También está el lugar que se ocupa entre los hermanos y el linaje familiar, con sus mandatos y expectativas, sus creencias y sus valores.

Pensemos... ¿Cómo se sentirá el adolescente que elige estudiar algo sólo porque sabe que ésa es la elección que sus padres esperan de él? ¿O aquel otro que, después de haberse decidido por antropología, recibe como respuesta: "Si vas a estudiar eso, no esperes que yo tenga que mantenerte." ¿Y qué decir de otro que está dudando entre la "seguridad" laboral de seguir la misma profesión del padre o la madre y la "inseguridad" de iniciarse en algo totalmente diferente?

A su vez, la familia pertenece a un conjunto social y porta una cultura que cambia según las épocas y los espacios.

En relación con la época, no es lo mismo ser varón y haber tenido 18 años antes que después de la fecha en que se abolió en nuestro país el servicio militar obligatorio en el que por uno o dos años lo que se le ordenaba era que fuera un soldado al servicio de la patria mientras su propio proyecto quedaba entre paréntesis: no era fácil pensar en estudiar ni lo era conseguir trabajo.

Por otra parte, en referencia a la influencia que los hechos históricos pueden tener sobre las elecciones y ocupaciones, ¿cómo se sentirá el joven que desea ingresar a las fuerzas armadas o de seguridad en relación con el peso de la opinión pública después de los regímenes militares de otras décadas en toda Latinoamérica?

Con respecto al espacio y dentro de un mismo tiempo cultural, el adolescente o joven que ha emigrado de su pueblo de provincia dejando familia y amigos para ir a estudiar o trabajar a una gran ciudad presenta una situación diferente de aquel que se queda o del otro que siempre vivió allí.

A modo de ejemplo. Hace veintitantos años Juan y Susana partieron de la gran ciudad donde nacieron hacia otra región del país con la promesa y la esperanza de obtener mayores beneficios económicos ejerciendo sus profesiones. Criaron a sus tres hijos con la convicción de que, terminado el secundario, deberían enviar uno por uno a cada hijo a estudiar a la gran ciudad. Pablo, el mayor, lo hizo durante un tiempo; extrañaba mucho, no le fue bien, se deprimió y volvió. Ahora Sebastián está terminando 5.° ¿Cómo se siente, qué piensa? ¿Y los padres?

El conjunto social. Por afuera pero incluyendo a la familia está el espacio social más extenso. Por lo menos dentro de la cultura occidental, asistimos actualmente a una hipervaloración de la imagen que conduce al riesgo de ser uno y parecer otro. Se nos plantean aquí distintas reflexiones que ayudarían a des-cubrir al hombre adolescente/joven/adulto actual.

• **El varón y la mujer.** Una de esas reflexiones está motivada por la relación con sus pares femeninos. La salida de la mujer del ámbito de la vida privada familiar al espacio público se inició en las primeras décadas de este siglo, pero adquirió un movimiento vertiginoso, más allá de la escuela en su tradicional rol de "segunda mamá", a partir de la década del cincuenta. Después de la Segunda Guerra fue incluyéndose en ámbitos laborales que antes eran exclusivos de los hombres: en comercios, fábricas, oficinas, hospitales, etc. Esto generó, a su vez, la necesidad de mayor nivel de instrucción. Coincidió este momento con el acceso masivo en nuestro país de la clase media a la escolaridad secundaria primero y a las universidades después. A partir de los sesenta, fue un hecho la cada vez mayor matriculación femenina en el ámbito universitario. Estos cambios sociales trajeron aparejado otro de orden más privado: la mujer decidiendo su maternidad a través de la adopción o no de métodos anticonceptivos naturales, orales o mecánicos que ya no se limitaban a los de uso masculino. Con esto se produjeron cambios en la relación de pareja. O sea que el lugar del varón (y por ende su identidad masculina) dentro del espacio familiar, educativo y laboral aun hoy sigue redefiniéndose en esa nueva relación varón/mujer. Un dato para tener en cuenta es que la mayor integración de la mujer en el mundo del trabajo no se acompaña aun hoy de un compromiso similar del varón en el espacio privado. ¿Será que a él no le interesa? ¿Será que ella no quiere compartirlo? El hecho es que de una u otra manera estas cuestiones inciden en forma explícita o implícita en quien está eligiendo, porque desde algún lugar siente que con su trabajo, dentro de muchos años, tal vez tenga que mantener una familia, como antes lo hicieron su abuelo y su padre.

- **Varón entre varones.** Otra faceta puede ser percibida en la relación del varón con otros varones. No todos los adultos son percibidos como modelos de un común denominador. Por un lado está el varón adulto que en lugar de ofrecerse como un padre con quien discutir, enojarse y en el cual encontrar firmeza tanto para el apoyo como para el límite, se propone como un par joven con quien compartir compitiendo. Hay un borramiento de la incuestionabilidad del paso del tiempo y del valor de la experiencia a él asociada. En este imaginario, la medida del éxito para toda edad pasa por la capacidad que se disponga en tiempo y dinero para disfrutar de los productos culturales representativos de la juventud: la vestimenta, los autos, las bebidas, el tiempo libre, la sexualidad. "Juventud, divino tesoro." Esta estética es aprovechada por el mercado que la transforma en un objeto, perdiendo en parte su valor. Es ofrecida para el consumo "al alcance de todo el mundo" a través de todos los medios masivos de comunicación, que en su gran mayoría responden a los intereses de la lógica del mercado, que es la que le pone un precio para la compraventa. En este marco, se está adentro o afuera —*in* o *out*—, se lleva una vida con toda la onda —un estilo *cool*—, se escucha música tecno, *pop*, *hard*, *heavy* o metálica, se come y se bebe *light*, se vive re-*fashion*. El pasado ya fue y el futuro... mejor viví hoy. Ser viejo es estar devaluado. Para un adolescente o un joven que está transitando como puede por sus propias incertidumbres respecto de crecer y ser adulto, estudiar, trabajar, ¿qué sentimientos le despertará observar a aquellos, ya adultos, que se resisten a asumirlo? ¿Pensará que no valdrá la pena? ¿Se esforzará para superar ese modelo o lo repetirá? ¿Cómo saber si lo que hoy le gusta mañana le seguirá gustando? Ofreciendo otra alternativa de identificación masculina, los jóvenes veinteañeros también tienen oportunidad de compartir con adultos que siguen sosteniendo estilos de vida en el que el éxito está asociado con el esfuerzo del estudio y el trabajo. Personas para quienes compromiso, responsabilidad, camaradería no son objetos sino valores muy apreciados, afectos tiernos que los ligan a sus seres queridos, a sus trabajos, a sus ideales. Tal vez, también ellos tengan miedo a envejecer, pero mientras tanto honran la vida. ¿Qué sentirá el adolescente que acaba de salir al mundo, iniciándose en eso de ser hombre, cuando ve a su padre sufrir por la pérdida de su trabajo de toda la vida, o su desesperanza porque un título no fue suficiente para garantizar una vida mejor para sus hijos? ¿O aquel otro que ve a su padre o al tío o al padre de su amigo, o a tal o cual político alcanzando o aun superando las expectativas de su propia juventud, pero a costa de una sobreadaptación que pone en riesgo la salud de su cuerpo y de su psiquismo?

El adentro: el mundo interno

En el ser humano, su aparato psíquico se va conformando en el encuentro con el mundo a partir de cómo él lo vive, lo siente, lo piensa, lo disfruta o lo padece. El mundo, la realidad está ahí y es de todos, pero cada uno lo percibe a su manera, según sus propios registros, historia y circunstancias.

Muchas veces utilizamos la frase "según el color del cristal con que se mira". Otorgamos así cualidades a las personas y los objetos del mundo: temor, agrado, desagrado, ternura, enojo, duda. Decimos que lo subjetivamos. Así, cada uno de nosotros reconstruimos el mundo y nuestra relación con él permanentemente. Vemos aquello que estamos preparados para ver y sólo a nuestro modo, nunca de todos los modos posibles.

Por ello, la construcción de la identidad y de la identidad vocacional depende de lo que el yo encuentra en el mundo y de lo que los demás ven en el yo.

Decir "yo soy varón" supone el proceso de construcción de esa identidad de género. El sentimiento de ser varón es una construcción cultural que en el niño se inicia a partir de una primerísima identificación con la madre. Lo mismo ocurre con la niña.

Pero la identificación con la madre no promueve masculinidad. Por ello, el niño durante su desarrollo psicosexual irá des-identificándose de ella en relación con el género para buscar activamente en la identificación con otros hombres su identidad masculina.

Durante las primeras etapas de este desarrollo, la compleja relación entre ser y sentirse hombre-varón-masculino puede articularse de modos diferentes. Así, un sujeto varón podría experienciarse masculino, u hombre afeminado, o imaginarse mujer.

Cuando el adolescente está completando su colegio secundario, su identidad psicosexual habrá sido puesta a prueba varias veces.

Reflexionemos... Si antes dijimos que la relación con el mundo la construimos desde adentro para afuera, y el mundo interno de nuestro hipotético adolescente o joven aún está a la búsqueda de esa identidad de género, ¿cómo influirá en su elección de una carrera o un trabajo? ¿Cómo podemos acercarnos, por ejemplo, al tema de las vocaciones sacerdotales y el voto de castidad que ellas demandan?

Además, culturalmente todavía persiste la idea de que hay determinados roles ocupacionales que no son para un hombre o no son para una mujer, con lo cual ni siquiera son pensados como posibles cuando se perciben como proscritos por los mandatos, creencias y valores familiares y sociales. Así, resulta que ciertos oficios (por ejemplo, peluquería), ciertas artes o profesiones (por ejemplo, danzas o gastronomía), siguen siendo considerados espacios para la mujer, aunque ya están advirtiéndose algunos cambios debido a la presencia de personajes públicos exitosos dedicados a tales actividades.

De todas maneras, todo esto también está presente en el recorrido de una elección vocacional. El varón siente como un imperativo demostrar a lo largo de toda su vida su virilidad como sinónimo de masculinidad obligándose a sí mismo a sufrir calladamente sus consecuencias. Debe mantenerse en continua actividad, no puede permitirse un fracaso, el tiempo debe ser utilizado productivamente. En el trabajo, siente que debe competir no sólo con las mujeres sino también con sus compañeros y ante sus jefes. Pero por sobre todo, se esfuerza por competir consigo mismo en un afán de ir cada vez más allá creyéndose invulnerable a los rigores de la tensión constante.

En el ámbito de lo público por excelencia, el trabajo, esto queda más a la vista. Su potencia, su virilidad, su autoestima dependen en gran medida del reconocimiento social en tanto hombre capaz de producir y mantener a la familia.

No es suficiente el calor del hogar. El varón necesita el fragor de la batalla, aunque sólo sea la de la vida cotidiana. Por eso la inseguridad laboral, el despido, la caída de la empresa que lo contrata o la jubilación denigrante —males que nos acechan desde afuera permanentemente en estas épocas de globalización económica tanto a los varones como a las mujeres— tienen en el varón, con alta frecuencia, un efecto catastrófico: no sólo significan la pérdida del trabajo sino un ataque al propio yo, a la identidad.

Por supuesto que no es así para todos. La manera en que afectará a cada uno dependerá de la historia individual. Nos referimos nuevamente a los aspectos subjetivos: mientras para algunos abrirá el camino de nuevas oportunidades y satisfacciones que serán alcanzadas, para otros será la puerta abierta al vacío. Todos somos vulnerables, pero no todos somos desvalidos. Depende de los recursos de cada aparato psíquico que no se generan mágicamente frente a la emergencia, sino que se van construyendo en el día a día.

Antes dijimos que no es fácil terminar 5.° año. Ahora podemos también decir que lo vocacional es en realidad un proceso de complejidad creciente. Está indisolublemente ligado a la identidad personal. La orientación vocacional se nutre de la historia subjetiva. Se inicia junto con las primeras identificaciones y forma parte del proyecto de vida. Por ello, la vocación como proceso se inserta en el contexto de la ocupación o trabajo. Decir "soy maestro", "soy ingeniero", "soy plomero" está reemplazando el nombre por la ocupación: otorga identidad y pertenencia a un grupo, a un "gremio", ayuda a afirmarse en el mundo.

La información vocacional

A las preguntas que hemos ido abriendo sobre el varón y su elección, tales como quién es eligiendo, cómo, por qué, para qué lo hace, etc., debemos agregar en este momento otra: qué hay para elegir, es decir, el tema de la información vocacional

Ella proviene de la interrelación con el medio ambiente: continuamente recibimos el estímulo de otros semejantes haciendo cosas, trabajando. Se insinúa ya en el mundo del juego infantil: los niños juegan a ser bomberos, camioneros, jugadores de fútbol u otro deporte favorito, policías. Si se les pregunta, responden que cuando sean grandes quieren ser... ése, dotado de autoridad, poder, reconocimiento por lo que hace o por lo que suponen que hace. Es un período de elecciones fantaseadas que, a medida que van siendo confrontadas con la realidad adquieren formas nuevas.

En la etapa adolescente, y con una mayor inserción y atención puesta en el mundo y sus alrededores, los varones van hallando nuevos modelos de identificación en los docentes, los padres de sus amigos, los líderes comunitarios, políticos, artísticos, religiosos. Este encuentro con otros varones (y también mujeres) les abrirá preguntas nuevas, quizás otros intereses.

El acceso al pensamiento lógico formal, propio de este período, les permite ya formularse hipótesis y deducir consecuencias lógicas, sin necesidad de recurrir a la acción. Este nivel de abstracción les abre la posibilidad, en relación con el plano de lo vocacional, de anticipar el futuro y planificar estrategias.

Pero si bien, al finalizar esta etapa, algunos ya están en condiciones de decir "quiero seguir abogacía, o diseño, o profesorado de educación física", muchos otros aún siguen desorientados.

Proveer de información sobre qué hay para elegir puede ser parte de la ayuda necesaria. Para ello se puede acceder a:
• uso de material gráfico: guías de estudio, revistas de actualización, lectura de periódicos en sus diferentes secciones, etc.,
• uso de material informatizado,
• entrevistas a profesionales de edades y desarrollos profesionales diversos,

* entrevistas a estudiantes más y menos avanzados de las carreras de preferencia,
* recorrida por instituciones diferentes donde se dicten las carreras,
* comparación de planes y programas,
* paneles de discusión seguidos de talleres donde plantear dudas.

Ofrecer estas posibilidades de acercamiento del adolescente a la información es hoy una preocupación en casi todas las escuelas, aunque no todas pueden ocuparse concretamente de este espacio. Se necesitan personas, espacios, materiales que requieren de recursos económicos que no todas las escuelas disponen.

Lo que sí debemos resaltar es el modelo que todo docente es naturalmente para sus alumnos, aun sin proponérselo. En una etapa en que lo esperable es que vaya despegándose de su familia y aceptando el duelo por los padres de la infancia, todopoderosos y omnipresentes, puede encontrar en otras figuras de autoridad el soporte externo alternativo que aún necesita para sentirse sostenido. Muchas son las vocaciones que tuvieron su punto de anclaje en aquel o aquella docente que sólo con su presencia y su palabra supo encauzar algún destello en su alumno.

Cuando la información no es suficiente

Por lo que el lector/a puede inferir de la lectura de este capítulo, la información es sólo un aspecto de la complejidad que subyace en el tema de las orientaciones vocacionales.

Cuando hay obstáculos que impiden procesar espontáneamente la información que los entornos familiar, escolar y social proveen, es oportuno realizar algún tipo de consulta al respecto.

Los procesos individuales o grupales de orientación vocacional, coordinados por profesionales especialmente capacitados para este campo de intervención, son recursos válidos para esclarecer dichos obstáculos.

También los padres pueden requerir, a veces, de una consulta oportuna porque no pueden tolerar su propia angustia frente a la indecisión del hijo. Viven la desorientación como propia y no permiten que el hijo sea quien se haga cargo: ya no es el hijo el que sufre; ahora puede ser el padre o la madre.

Sin embargo, es necesario señalar que no hay elección sin conflicto, sin tensión. La vida es un continuo proceso de elecciones y decisiones de cuestiones simples y complejas.

Bibliografía

Filmus, D., "Educación y trabajo en la Argentina de los '80. ¿Educación precaria para un empleo precarizado?", en Tiramonti, G.; Braslavsky, C.; Filmus, D. (comp.), *Las transformaciones de la educación*, FLACSO/TESIS, Buenos Aires, Grupo Editorial Norma, 1995.

Freud, S., "El malestar en la cultura", en *Obras completas*, tomo XXI, Buenos Aires, Amorrortu, 1979.

Gates, B., *Camino al futuro*, Barcelona, McGraw-Hill, 1995.

Ministerio de Cultura y Educación de la Nación, Secretaría de Programación y Evaluación Educativa, *Ley federal de educación: la escuela en transformación*, Buenos Aires, 1994.

——————Subsecretaría de Evaluación de la Calidad Educativa, Red Federal de Información Educativa, *Información del sector educativo*, agosto de 1995.

Neves, N., "La adolescencia y los profetas", en *Actualidad Psicológica*, año XIX, n.° 212, agosto de 1994.

Plut, S., "Aportaciones psicoanalíticas para una teoría del conflicto laboral. Contribución al debate" (ficha).

——————"Innovaciones tecnológicas y salud mental. Un estudio sobre psicopatología del trabajo" (ficha).

Rascován, S., (comp.), *Orientación vocacional. Aportes para la formación de orientadores*, Buenos Aires, Ediciones Novedades Educativas, 1998.

Rojas, M. C. y Sternbach, S., *Entre dos siglos. Una lectura psicoanalítica de la posmodernidad*, Buenos Aires, Lugar Editorial, 1994.

Sarlo, B., *Escenas de la vida posmoderna*, Buenos Aires, Ariel, 1994.

13. Género y espiritualidad

Dr. Gustavo A. Girard

Introducción

Como si los cambios que la sociedad posindustrial, posmoderna o como se la quiera denominar fueran pocos, el concepto de género irrumpió en ella, y se constituyó en un nuevo paradigma.

El origen del concepto de género podemos encontrarlo en la mitad del siglo XX cuando John Money, en 1955, propuso el término "papel de género" (*gender role*) con el objetivo de describir las diferentes conductas atribuidas a las mujeres y a los varones. De este concepto surgen inmediatamente aspectos fundamentales que lo diferencian de la idea tradicional de sexo.

Mientras hablamos de sexo al referirnos a los aspectos anatómicos y biológicos que diferencian a los hombres de las mujeres, en el género nos referimos a caracteristicas psicosociales. Esto no significa límites absolutos, sino que en toda persona, independiente de su sexo, coexisten aspectos que podríamos considerar masculinos y otros que serían femeninos. Esto, que resulta nuevo para nuestra sociedad occidental, no lo es tanto para la oriental, ambientada desde tiempos inmemoriales a la coexistencia en cada persona del *yin* y el *yang*.

Antecedentes históricos

Los ideales de la Revolución Francesa sobre libertad, igualdad y fraternidad influyen sin duda en todo un proceso que lleva al concepto de género en la actualidad. Con estos enunciados queda atrás la tan pregonada inferioridad de las mujeres de la época medieval, y éstas comienzan a tener un protagonismo desconocido hasta entonces. No es de extrañar que, ante la infravaloración que había tenido la mujer, los movimientos feministas intentaran modificar esta situación al tratar de colocarla en un rol semejante al masculino; pero, muchas veces, sin respeto por las diferencias. Con el devenir del tiempo, la idea de igualdad es reemplazada por el concepto de equidad que, respetando lo distinto, trata los aspectos relacionales y las diferencias sin por ello calificar en categorías con jerarquías diferentes.

Estado actual

Ante la diferencia establecida entre los conceptos de sexualidad y género, grupos de defensa de los derechos de los homosexuales encontraron en este modelo el marco conceptual ideal para poder enmarcar dentro del mismo la condición homosexual. Resulta indudable que, desde una perspectiva de género, los sentimientos y conductas homosexuales o bisexuales y la forma de abordarlos y vivirlos se modifican en forma radical. Ante esta situación, ciertas posturas religiosas, que tradicionalmente consideran la homosexualidad como un "grave desorden moral", en forma enérgica cuestionaron los enfoques de género considerándolos peligrosos y perjudiciales para la defensa de la "moral tradicional" y, en última instancia, contrarios a la naturaleza y a la ley natural.

Sin embargo, el concepto de género que se trata de rescatar en este libro va mucho mas allá de la orientación sexual de determinadas personas. Hoy nos enfrentamos ante un hecho innegable: el rol de la mujer ha cambiado en forma fundamental en la sociedad actual y el rol del varón no ha presentado tantas variaciones. En la actualidad, los hombres muchas veces se encuentran desorientados acerca del papel que deben desarrollar en esta sociedad en la que les toca vivir; muchas veces tratan de adaptarse, pero muchas otras sucumben en el intento.

Hoy, los estudios de género pueden convertirse en esperanzadores para analizar a través de ellos diversas problemáticas conyugales y familiares. Los procedimientos represivos, el intento de solidificar los matrimonios basados en la tradición y la ley han demostrado que no son suficientes para afrontar la crisis que los mismos viven en la actualidad.

En su libro *Género y familia*, Mabel Burin e Irene Meler plantean una excelente descripción que puede servir de síntesis a lo planteado: *"Los Estudios de Género aspiran a ofrecer nuevas construcciones de sentido para que hombres y mujeres perciban su masculinidad y feminidad, y reconstruyan los vínculos entre ambos en términos que no sean los tradicionales opresivos y discriminatorios, todo ello basado en que el análisis de los conflictos de los nuevos vínculos entre los géneros contribuirá a establecer condiciones de vida mas justas y equitativas para ambos"* (Buenos Aires, Paidós, 1998, p. 26).

Vivencia espiritual en las distintas edades

Si bien los términos "espiritualidad" y "religión" muchas veces suelen confundirse o usarse indistintamente, existe una diferencia entre ellos que debe ser aclarada.

"Espiritualidad" etimológicamente deriva de *spiritus*, relacionado a su vez con *pneuma* (aliento de vida). Implica el reconocimiento de una dimensión trascendental. Es una constante experiencia humana multidimensional que incluye valores, actitudes, perspectivas, creencias y emociones.

"Religión" proviene de la etimología de *re-ligare*, "volver a unir" (al hombre con Dios) en una forma determinada que implica participar en un particular sistema de creencias, ritos y actitudes.

Podemos completar estas definiciones haciendo lo propio con la fe, "construcción humana que no va contra la razón, pero va más allá de ella". Se refiere a algo o alguien.

El niño, desde su más tierna infancia, va creciendo no sólo en sus aspectos físicos, psíquicos y sociales, sino también en una dimensión religiosa y espiritual, generalmente basada en las enseñanzas familiares, la educación y la sociedad en la cual se desenvuelve.

Este crecimiento religioso-espiritual no siempre va asociado al biológico e intelectual; mientras por la educación formal avanza en estos últimos aspectos, el primero suele quedar relegado a aspectos muy primarios. La persona que no ha crecido en su fe, en su religión o en su espiritualidad, al tener que afrontar los grandes desafíos que la vida le presente, muchas veces no podrá estar acorde con los mismos. En esos casos, ante temas como el dolor, el sufrimiento y la muerte, las respuestas pueriles no serán las propias del adulto que, como consecuencia, se verá tentado a renegar de aquellas creencias que le enseñaron y que hasta ese momento eran consideradas como valederas. La imagen podría ser la construcción de una casa de naipes que, al aumentar en complejidad, resulta endeble y se desmorona.

Todo este proceso propio del ser humano de todas las épocas resulta especialmente grave en el momento actual en que la sociedad marcha a una velocidad vertiginosa. Diariamente surgen nuevos desafíos de todo orden ante los cuales las religiones oficiales no llegan a encontrar respuestas acordes con los signos de los tiempos; como resultado, muchos se alejan de ellas, pero en la medida, en que el ser humano, es espiritual, emprende nuevas búsquedas (no siempre apropiadas) y muchas otras equivocadas.

Como toda búsqueda personal y humana, la hará también desde su condición masculina y femenina, y especialmente en los aspectos religiosos encontrará inadecuaciones con sus vivencias de género.

Religiosidad y género

En una sociedad profundamente imbuida por aspectos y vivencias de género ante las religiones tradicionales, los jóvenes se encuentran ante una dicotomía. El poder y el magisterio se encuentran ejercidos predominantemente por hombres con una supremacía inexistente en los otros ámbitos sociales, mientras que la "práctica" y el "seguimiento" están en forma abrumadora constituidos por mujeres. ¿Cómo ubicarse en este contexto? ¿Cuáles son las leyes que lo regulan? Mientras los roles masculinos y femeninos desde lo sexual se encuentran perfectamente delimitados en las estructuras (dictados y ordenados por hombres), las enseñanzas parecerían obedecer a características tradicionalmente consideradas como esencialmente femeninas: el amor, la dulzura, la piedad, la vulnerabilidad, la debilidad. A mi entender, esto explicaría por qué, al avanzar en edad y ante los embates de la vida, los hombres en nuestra sociedad occidental se distancian de la religión más que las mujeres.

De aceptarse el enfoque de género, el varón dejaría de confundir ternura con debilidad, sentimientos con vulnerabilidad y misericordia con cobardía.

Los estudios de género pueden significar un gran aporte para las distintas experiencias y vivencias religioso-espirituales, y su propagación. Esto es de gran importancia si se reconoce la jerarquía que estos aspectos representan para el ser humano, hombre o mujer.

Concepción sexista de Dios

No puede dejar de influir en todo este proceso la visión sexista que nos hemos hecho de Dios. El hecho de nombrarlo Padre no excluye de por sí lo femenino, en la medida en que a Dios nadie lo vio jamas. La zarza, la nube, la tempestad... la brisa suave son sólo imágenes de Dios.

Desde el punto de vista del enfoque de género, en nuestras creencias judeo-cristianas esto no está tan determinado y en el Génesis surge una visión de Dios que no es sólo masculina: "Y creó Dios el hombre a imagen suya: a imagen de Dios le creó; macho y hembra los creó" (Gn 1, 27). Debe recordarse que en el primer capítulo de la Biblia existen dos relatos de la creación de la humanidad, uno es el aquí citado y el otro es el de la creación de la mujer a partir de la costilla de Adán. En el segundo relato la supremacía masculina es evidente, la mujer es creada a partir del hombre.

Resulta significativo lo relatado por Henri Nouwen en *El regreso del hijo pródigo* (meditaciones ante un cuadro de Rembrandt). Ante este cuadro el autor dice: *"Rembrandt quiso hacer algo diferente al pintar a Dios como un sabio y anciano padre de familia. Todo empezó con las manos. Son algo diferentes la una de la otra. La izquierda sobre el hombro del hijo es fuerte y musculosa. Los dedos están separados y cubren gran parte del hombro y de la espalda del hijo. Veo cierta presión sobre todo en el pulgar. Esta mano no sólo toca sino que sostiene con su fuerza. Aunque la mano izquierda toca al hijo con gran ternura no deja de tener firmeza. ¡Qué diferente es la mano derecha! Esta mano no sujeta ni sostiene. Es fina, suave y muy tierna. Los dedos están cerrados y son muy elegantes. Se apoyan tiernamente sobre el hombro del hijo menor. Quiere acariciar, mimar, consolar y confortar. Es la mano de una madre. Algunos curiosos sugieren que la mano izquierda masculina es la mano de Rembrandt y que la derecha es muy parecida a la mano derecha de la Novia Judía, pintada en el mismo período"* (Nouwen, Henri, *El regreso del hijo pródigo*, 13.° ed., octubre de 1996, pág. 107).

Hoy en día, nuevas corrientes teológicas hablan ya de Dios que es padre y madre. Indudablemente abren el camino hacia nuevos rumbos que permitirán a las generaciones futuras rescatar lo más positivo y trascendental del ser humano, tanto de la mujer como del hombre.

Glosario

Dra. Alicia B. Cal
Dr. Alberto Tomás Simioni

AUTOEXAMEN TESTICULAR: única manera de detectar cáncer testicular en un estadio temprano. Se indica realizarlo a partir de la adolescencia media.

AXILARCA: aparición de vello axilar.

BALANITIS: inflamación del glande del pene.

BALANOPOSTITIS: inflamación del glande del pene y de la superficie adyacente al prepucio.

CORDÓN ESPERMÁTICO: también llamado conducto deferente. Encargado del traslado de espermatozoides desde la cola del epidídimo hasta los conductos eyaculatorios.

CREMASTER: músculo elástico, cuya función es la de elevar y descender el testículo para mantenerlo a una temperatura adecuada para la formación de espermatozoides.

CRIPTORQUIDIA: ausencia de uno o ambos testículos en el escroto, pudiendo tener localización abdominal, canalicular o ectópica. Las secuelas pueden ser infertilidad o neoplasia testicular.

ENURESIS: micción involuntaria. La enuresis nocturna, corresponde a la micción involuntaria de orina durante el sueño. Puede deberse a causas emocionales u orgánicas.

EPIDIDIMITIS: inflamación del epidídimo que, por lo general, se asocia a orquitis o inflamación del testículo.

EPIDÍDIMO: estructura tortuosa en forma de C. Corresponde a la primera porción del conducto excretor del testículo, donde se almacenan los espermatozoides. Consta de una cabeza, un cuerpo y una cola, que se continúa con el conducto deferente o cordón espermático.

EPISPADIAS: defecto congénito en el que la uretra desemboca en la superficie dorsal del pene.

ESPERMARCA: primera liberación de espermatozoides. Marca el comienzo de la capacidad reproductiva del varón. La edad media de la espermarca en Argentina es de 14 años.

EYACULACIÓN: emisión de semen. Puede producirse durante el sueño, por maniobras masturbatorias o al finalizar el coito.

FIMOSIS: estrechez de la apertura del prepucio, de modo que no se puede descubrir el glande.

GINECOMASTIA: todo desarrollo mamario palpable en el varón. Por lo general, es transitoria.

HEMATOSPERMIA: aparición de sangre en la eyaculación.

HIDROCELE: acumulación de líquido dentro de la túnica vaginal del testículo.

HIPOSPADIAS: defecto congénito en el que la uretra desemboca en la superficie inferior del pene. A menudo se asocia con cuerda o pene curvo, que se hace más evidente durante la erección.

PUBARCA: aparición de vello pubiano.

SEMEN: secreción blanquecina y viscosa de los órganos reproductores masculinos, también llamada líquido seminal o esperma; está compuesto fundamentalmente por espermatozoides, secreciones ricas en fructosa, provenientes de las vesículas seminales y secreción de la próstata. Los espermatozoides suelen constituir el 10 % del semen.

TESTÍCULO: gónada masculina encargada de la producción de espermatozoides y testosterona.

TESTOSTERONA: hormona producida por el testículo, responsable del desarrollo y mantenimiento de los caracteres sexuales secundarios (vello pubiano, axilar, facial, crecimiento del pene, escroto, cambio de la voz). También actúa sobre el desarrollo de vesículas seminales y próstata, aumento de masa muscular, aparición de acné, etc.

TORSIÓN TESTICULAR: es una emergencia urológica. Se produce por la torsión del cordón espermático. Si se interviene quirúrgicamente dentro de las primeras 6 horas, existe un 100 % de viabilidad. Luego de 24 horas, el testículo pierde su vitalidad.

TUMORES TESTICULARES: la incidencia de tumores testiculares aumenta durante la pubertad y alcanza un pico entre los 20 y 34 años. De allí la importancia de explicar al paciente el autoexamen testicular.

VARICOCELE: dilatación venosa que se produce en el paquete formado por las venas espermática, deferencial y cremastérica. Puede alterar el crecimiento testicular. En ocasiones, requiere intervención quirúrgica.

Glosario específico

Identidad sexual

SEXO: categoría biológica, hombre y mujer.

GÉNERO: categoría social y/o cultural: masculino y femenino.

ROL DE GÉNERO: es todo lo que una persona dice y hace para indicarles a los otros o a sí misma el grado en el cual es hombre o mujer; esto incluye pero **no** se reduce al despertar y a la respuesta sexual.

IDENTIDAD DE GÉNERO: factores psicológicos, culturales y sociales que en cada época histórica definen a la masculinidad y a la femineidad. Se va construyendo a lo largo de toda la vida, acorde con la integración de:

- características básicas de personalidad,
- experiencias vitales,
- relaciones vinculares,
- pautas culturales.

HERMAFRODITA: es una persona que nace con testículos y ovarios. El aspecto de sus genitales externos es muy variable, y casi siempre es estéril.

SEUDOHERMAFRODITA: nace con testículos u ovarios que se corresponden con su sexo genético, pero los órganos genitales (pene o vagina), aunque generalmente pequeños, se corresponden con los del sexo opuesto. Por ejemplo, un seudohermafrodita puede tener ovarios, pero un pequeño pene o testículos y una pequeña vagina. En estos casos, la identidad sexual que presentan es aquella en la que se les ha educado. El peso del aprendizaje es determinante en la sensación de pertenencia a un sexo u otro.

SEXO DEL ESTADO CIVIL: inscripción y nombre legal, que muchas veces son dados por un estudio muy superficial del individuo.

Según su orientación sexual

HOMOSEXUALIDAD: el objeto de deseo sexual es otra persona del mismo sexo.

HETEROSEXUAL MASCULINO: el objeto de deseo sexual es una mujer.

HETEROSEXUAL FEMENINO: el objeto de deseo sexual es un hombre.

BISEXUAL: el objeto de deseo sexual puede ser un hombre o una mujer.

Según el trastorno de la identidad sexual, sienten no pertenecer al sexo biológico:

TRANSFORMISMO: se viste de mujer o de varón, lo contrario a su sexo biológico para actuar en un escenario, pero no modifica quirúrgicamente su cuerpo. Puede ser gay.

TRAVESTISMO: constituye el placer sexual obtenido por vestirse con ropa del sexo opuesto. El varón se coloca prótesis en sus pechos pero conserva su órgano sexual. La mujer se aplasta los pechos.

TRANSEXUALISMO: se trata de individuos que dicen haber nacido con el sexo equivocado. Si tienen un cuerpo masculino, se consideran mujeres; si tienen un cuerpo femenino, se consideran varones. En general, reclaman o buscan que se les efectúe una intervención quirúrgica para cambiar de sexo.

Glosario específico

Métodos anticonceptivos MAC

Interrupción del coito, "marcha atrás", *coitus interruptus*:

Efectividad teórica, 85 %.

Efectividad práctica, 75-80 %.

Ventajas: no necesita preparación previa ni adicional; sin efectos secundarios; los hombres comparten la responsabilidad en la planificación familiar.

Desventajas: interfiere en el coito; puede ser difícil de emplear con efectividad.

Espermicidas – espumas – óvulos:

Efectividad teórica, 97-98 %.

Efectividad práctica, 80-90 %.

Ventaja: sin riesgo para la salud.

Desventajas: se aplican de 5 a 30 minutos antes del coito; sólo son efectivos por un tiempo de 30 a 60 minutos; algunas mujeres pueden encontrar su uso incómodo o molesto.

Condón – preservativo:

Efectividad teórica, 98 %.

Efectividad práctica, 80-90 % (aumenta con espermicidas).

Ventajas: fácil de usar, barato, accesible, sin riesgos para la salud; protección muy efectiva contra algunas ETS (enfermedades de transmisión sexual); los hombres comparten la responsabilidad en la planificación familiar; puede prevenir del cáncer cervical.

Desventajas: se coloca justo antes del coito; algunos hombres y mujeres se quejan de perder sensibilidad. Necesidad de retirar el pene de la vagina cuando todavía está en erección. Pueden causar irritación genital.

Diafragma con espermicidas:

Efectividad teórica, 97-98 %.

Efectividad práctica, 80-90 %.

Ventajas: sin riesgo para la salud; protege contra algunas ETS y contra el cáncer de cuello.

Desventajas: se introduce con espuma o alguna gelatina antes del coito y no se puede retirar hasta 6 horas después. Son incómodos para limpiar, conservar y llevar.

Cápsula cervical:

Ventajas: se estima su efectividad similar al diafragma, pero no hay estudios a gran escala que prueben su fiabilidad.

Desventajas: disponibilidad limitada; es decir, es bastante complicado encontrarla en las farmacias.

Esponjas:

Efectividad teórica, 90 %.

Efectividad práctica, 75-90 %.

Ventajas: efectividad durante 24 horas e inmediatamente después de su inserción; puede proteger contra algunas ETS.

Desventajas: deben humedecerse antes de su inserción; algunas mujeres pueden encontrar su uso molesto o incómodo; pueden causar irritación vaginal; relativamente caras.

DIU – Dispositivo intra-uterino:

Efectividad teórica, 99 %.

Efectividad práctica, 95-98 %.

Ventajas: fácil de usar, muy efectivo en la prevención del embarazo. No interfiere en el coito.

Desventajas: riesgo de enfermedad inflamatoria pelviana y de esterilidad en las mujeres con más de un compañero sexual. No recomendado en mujeres sin hijos. Puede causar hemorragias, dolores. Infecciones. Validez limitada.

Píldoras:

Efectividad teórica, 99 %.

Efectividad práctica, 97-98 %.

Ventajas: fácil de usar, muy efectivas en la prevención de embarazo, no interfieren en el coito; regulan los ciclos menstruales, protegen contra el cáncer de ovario y de endometrio.

Desventajas: deben tomarse todos los días. Control periódico. Efectos secundarios.

Ligadura de trompas:

Efectividad teórica, 99,96 %.

Efectividad práctica, 99,96 %.

Ventajas: permanente, sin efectos secundarios.

Desventaja: irreversible.

Vasectomía:

Efectividad teórica, 99,85 %.

Efectividad práctica, 99,85 %.

Ventajas: permanente, sin efectos secundarios.

Desventaja: irreversible.

Calendario – abstinencia periódica:

Efectividad teórica, 85 %.

Efectividad práctica, 75-80 %.

Ventajas: no necesita nada; sin efectos secundarios, permite interpretar el ciclo menstrual.

Desventajas: difícil de usar si los ciclos son irregulares. Abstinencia durante largos períodos.

Sobre los autores

Los autores de este libro son miembros fundadores de la "Fundación Universitaria para la Adolescencia y la Juventud" e integrantes del "Programa de Adolescencia del Hospital de Clínicas José de San Martín" de la Universidad de Buenos Aires.

Achábal, María Adela
Lic. en Psicología.
Terapeuta de niños y adolescentes.

Aszkenazi, Marcela
Lic. en Sociología, Universidad de Buenos Aires.
Investigadora especialista en estudios de género.
Docente universitaria.

Cal, Alicia
Médica pediatra.
Jefa del Servicio de Adolescencia de la Municipalidad de 3 de Febrero, Pcia. de Buenos Aires.
Referente del Subprograma de Adolescencia del Ministerio de Salud de la Provincia de Buenos Aires por la Municipalidad de 3 de Febrero.

Calvo, Stella Maris
Lic. en Ciencias de la Educación, Universidad de Buenos Aires. Psicopedagoga especializada en la atención de adolescentes y jóvenes.
Coordinadora del Área de Salud Mental del Programa de Adolescencia del Hospital de Clínicas "José de San Martín", Facultad de Medicina, de Buenos Aires.
Miembro de la comisión directiva de la Asociación de Profesionales de la Orientación de la República Argentina.

Cassin, Alejandra
Lic. en Psicología, Universidad de Buenos Aires.
Psicóloga social, Escuela Pichon Rivière.
Egresada de la Escuela de Psicoterapia para graduados.

Coll, Ana
Médica obstetra.
Coordinadora del Área Obstétrica del Programa de Adolescencia del Hospital de Clínicas "José de San Martín", Facultad de Medicina, Universidad de Buenos Aires.
Expresidenta de la Sociedad Argentina de Ginecología Infanto-Juvenil.

Faccini, María José
Lic. en Trabajo Social, Universidad de Buenos Aires.
Educadora sexual.

Girard, Gustavo
Médico de adolescentes.
Coordinador del Área Clínica del Programa de Adolescencia del Hospital de Clínicas "José de San Martín", Facultad de Medicina, Universidad de Buenos Aires.
Miembro fundador de la Sociedad Argentina de Salud Integral del Adolescente (SASIA). Ex-secretario de los Comités de Adolescencia de la Sociedad Argentina de Pediatría y la Asociación Latinoamericana de Adolescencia.
Vice-presidente de IAAH (International Association for Adolescent Health).

Necchi, Silvia
Lic. en Sociología, Universidad Católica Argentina. Diplomada en Salud Pública, Universidad de Buenos Aires.
Asesora temporal de la Oficina Sanitaria Panamericana.
Docente de la Universidad del Salvador y la Universidad Nacional de Quilmes.

Panza, Eduardo
Médico pediatra.
Exrotante del Programa de Adolescencia del Hospital de Clínicas "José de San Martín", Facultad de Medicina, Universidad de Buenos Aires.
Secretario del Comité de Adolescencia de la Sociedad Argentina de Pediatría, filial Salta.

Raffa, Silvina
Lic. en Trabajo Social, Universidad de Buenos Aires.
Educadora sexual.
Trabajadora social del Hospital de Wilde, Pcia. de Buenos Aires.

Simioni, Alberto Tomás
Médico pediatra.
Fellow en salud integral del adolescente del Hospital de Clínicas "José de San Martín", Facultad de Medicina, Universidad de Buenos Aires.
Médico interno y referente en adolescencia del Hospital de Niños "V. J. Vilela", Rosario, Argentina.

*Se terminó de imprimir en el mes de junio de 2001
en el Establecimiento Gráfico* **LIBRIS S. R. L.**
MENDOZA 1523 • (B1824FJI) LANÚS OESTE
BUENOS AIRES • REPÚBLICA ARGENTINA